CHILDREN ECONOMICS

어린이 경제학

이케가미 아키라(池上彰) 감수 | 정혜원 옮김 | 모도로카 그림

지경사

시작하는 글

| 이케가미 아키라

'경제학'이라고 하면 왠지 어렵게 생각하는 사람이 많을지도 모릅니다. 하지만 경제학을 배운 적이 없다고 해도 우리는 일상생활에서 많은 '경제 활동'을 합니다.

가장 흔한 예가 돈을 쓰는 일이지요.

여러분이 용돈으로 게임 아이템을 살지, 책을 살지 고민하며 돈을 쓰는 것도 경제 활동이랍니다.

그리고 여러분은 아침에 일어나면 칫솔에 치약을 짜서 이를 닦고 물로 입안을 헹구겠지요. 학교에 가는 도중 신호를 기다렸다가 횡단보도를 건널 것입니다. 이처럼 우리가 당연하게 이용하는 각종 상품과 서비스는 모두 사람들이 경제 활동을 한 결과입니다.

여러분도 어른이 되면 그런 상품과 서비스를 만들거나 제공하는 사람이 됩니다. 그리고 그 대가로 돈을 받지요. 따라서 어른이 된다는 것은 본격적으로 경제 활동에 참여하는 것을 뜻합니다.

경제학을 배우면 사회를 이루고 있는 법칙을 알 수 있습니다. 사회에서 이루어지는 게임의 규칙을 이해할 수 있는 것입니다. 만약 경제의 원리를 모른 채 게임에 참여하면 자신도 모르는 사이에 어이없는 실수를 저지를지도 모릅니다.

반대로 경제의 원리를 이해하면 뉴스에 담긴 뜻을 잘 알 수 있답니다. 정치가들이 무엇을 하려고 하는 건지, 왜 그 상품이 지금 인기인지 등……. 경제를 모르면 관심도 느낌도 별로 없겠지만 경제를 알면 틀림없이 여러 뉴스를 곰곰이 생각하며 재미를 느낄 수 있습니다.

경제학은 매우 유용하고 재미있는 학문입니다. 이 책을 읽고 한 명이라도 더 많은 사람이 이 말에 공감하기를 진심으로 바랍니다.

차례

시작하는 글 | 2
경제학이란 무엇인가? | 6

제 1 장 '사기'와 '팔기'를 이해하는 경제학

- 01 경제학이란 대체 무엇일까? | 자원의 효율적 배분 | 10
- 02 경제학은 선택의 학문인가? | 상충 관계 | 12
- 03 인간은 어떻게 선택할까? | 호모 에코노미쿠스 | 14
- 04 가격은 어떻게 결정될까? | 수요/공급 | 16
- 05 '경기가 좋다'는 게 무슨 뜻일까? | 경기 | 18

제 2 장 돈의 원리를 이해하는 경제학

- 06 돈이란 대체 무엇일까? | 공동 환상 | 22
- 07 은행은 무엇을 하는 곳일까? | 금융 | 24
- 08 돈을 빌려주면 불어난다? | 금리 | 26
- 09 중앙은행은 어떤 은행일까? | 중앙은행 | 28
- 10 은행이 돈을 늘릴 수 있다고? | 신용 창조 | 30
- 11 인플레이션, 디플레이션이란 무엇일까? | 인플레이션/디플레이션 | 32
- 12 원화 약세, 원화 강세란 무엇일까? | 원화 약세/원화 강세 | 34
- 13 원화 강세와 원화 약세 중 무엇이 더 좋을까? | 환율 개입 | 36
- 14 암호 화폐란 무엇일까? | 암호 화폐 | 38

제 3 장 세상이 돌아가는 이치를 이해하는 경제학

- 15 자본주의란 무엇일까? | 자본주의 | 42
- 16 사회주의란 무엇일까? | 사회주의 | 44
- 17 시장 실패란 무엇일까? | 독점/외부성 | 46
- 18 재정이란 무엇일까? | 소득 재분배 | 48
- 19 경기가 나쁘면 정부는 무엇을 할까? | 재정 정책 | 50
- 20 금융 정책이란 무엇일까? | 공개 시장 운영 | 52

- 21 거품 경제란 무엇일까? | 거품 경제 | 54
- 22 GDP란 무엇일까? | GDP(국내 총생산) | 56
- 23 주식이란 무엇일까? | 주식 | 58

제 4 장
현명하게 살기 위한 경제학

- 24 한계 효용이란 무엇일까? | 한계 효용 체감의 법칙 | 62
- 25 역할 분담이 중요하다고? | 비교 우위론 | 64
- 26 합성의 오류란 무엇일까? | 합성의 오류 | 66
- 27 정보 비대칭성이란 무엇일까? | 정보 비대칭성 | 68
- 28 왜 안전한 쪽을 선택하게 될까? | 전망 이론 | 70
- 29 생각에 유형이 있다? | 편향 | 72
- 30 사고법에는 2가지가 있다? | 체계적 사고 / 직관적 사고 | 74
- 31 나도 모르게 착하게 행동한다? | 넛지 | 76
- 32 매몰 비용이란 무엇일까? | 매몰 비용 | 78

제 5 장
우리 주변의 돈을 이해하는 경제학

- 33 보험은 어떤 제도일까? | 보험 | 82
- 34 사회 보험이란 무엇일까? | 건강 보험 | 84
- 35 융자란 무엇일까? | 주택 융자 | 86
- 36 신용 카드란 무엇일까? | 신용 카드 | 88
- 37 국채란 무엇일까? | 국채 | 90
- 38 소비와 투자의 차이는? | 투자 / 소비 | 92

주요 참고 도서 | 95
찾아보기 | 96
시리즈에 대하여 | 98

경제학이란 무엇인가?

| 이케가미 아키라

　인간은 집단 생활을 시작하면서 자신이 키운 것, 만든 것을 다른 사람과 교환(서로 바꿈)하게 되었습니다. 그런 물물교환에서는 자신에게 필요한 물건을 가진 상대를 만나야만 교환을 할 수 있었지요.

　그래서 탄생한 것이 돈입니다. 일단 자신에게 필요 없는 물건을 돈으로 교환해 두면 나중에 그 돈을 다른 물건과 교환할 수 있으므로 물물교환보다 편리합니다. 이것이 바로 경제 활동입니다. 인간은 아주 오래전부터 경제 활동을 한 셈이지요.

　그런데 언제부터인가 이렇게 생각하는 사람들이 나타났습니다.

　'교환 활동에 뭔가 법칙이 있는 것 같아. 그 법칙을 발견하면 모두가 더 나은 삶을 살 수 있을 거야.'

　그들은 여러 가지 주장을 펼쳤습니다.

그중에서 오늘날 경제학의 토대를 만든 사람이 영국의 애덤 스미스입니다. 스미스는 '모두가 자신의 이익을 위해 행동하면 사회 전체가 잘 굴러간다.'라고 주장했습니다.

그 후 여러 가지 경제학이 쏟아져 나왔습니다. 경제학은 크게 '거시 경제학'과 '미시 경제학'으로 나뉩니다. 거시는 '크다', 미시는 '작다'라는 뜻이지요. 거시 경제학은 국가 전체의 경기를 활성화하기 위해 정부가 무엇을 하면 좋을지 생각하는 학문입니다. 미시 경제학은 개인이나 기업이 물건을 사거나 사업을 할 때 어떤 법칙이 작용하는지 발견하는 학문입니다.

이 책은 거시 경제학과 미시 경제학이라는 큰 틀에 행동 경제학을 더해서 경제학 전체를 두루 살펴볼 수 있도록 구성했습니다.

그리고 경제학의 범위에서는 살짝 벗어나지만 경제에서 빼놓을 수 없는 돈에 대해서도 다루었답니다. 이 책을 읽고 관심이 가는 주제가 있다면 그 주제에 대해 더 자세하게 다룬 책도 함께 읽어 보세요.

제1장

'사기'와 '팔기'를 이해하는 경제학

> 01
> 제 1 장
> '사기'와 '팔기'를 이해하는 경제학

경제학이란 대체 무엇일까?

사람들은 왜  사고파는 걸까?

세상에서 낭비를 없애 행복한 사회를 만드는 것이 경제학.

모든 것은 자원!

모두의 행복을 위해!

제 1 장
'사기'와 '팔기'를 이해하는 경제학

[용어] 자원의 효율적 배분

경제는 '**경세제민**'의 줄임말입니다. '이코노미(economy)'라는 영어 단어를 번역하다가 **'세상을 다스리고 백성을 구제한다'**는 뜻의 한자어 경세제민에서 '경제'라는 말이 탄생했답니다.

경제학을 부자의 학문이라고 생각하는 사람도 있을지 모르지만 사실은 조금 다릅니다. 영국의 경제학자 라이어널 로빈스에 따르면 경제학은 **돈, 물건, 활동(자원)을 어떻게 하면 낭비 없이 사용할 수 있는지 생각하는 학문**입니다.

예를 들어 문어가 키운 나무에 사과가 100개 열렸다고 합시다. 그것을 문어 혼자 다 먹을 수는 없고 그렇다고 그냥 두면 썩겠지요. 이럴 때 **남은 사과를 다른 사람에게 팔면 문어에게는 돈이 생기고 다른 사람은 사과를 먹을 수 있습니다**. 또 사과나무를 가꾸기 위해 들인 수고와 시간도 헛되지 않게 됩니다.

이와 같이 자원을 낭비 없이 알차게 사용하는 것을 **자원의 효율적 배분**이라고 합니다. 이처럼 경제학은 자원을 잘 배분하는 방법을 고민하는 학문이라고 할 수 있답니다.

[인물] 라이어널 로빈스

 경제적이라는 말은 '낭비가 없고 값이 싸다'는 뜻이래.

경제학은 선택의 학문인가?

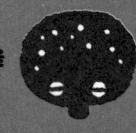

무언가를 고른다는 것은 다른 것을 '고르지 않는' 것.

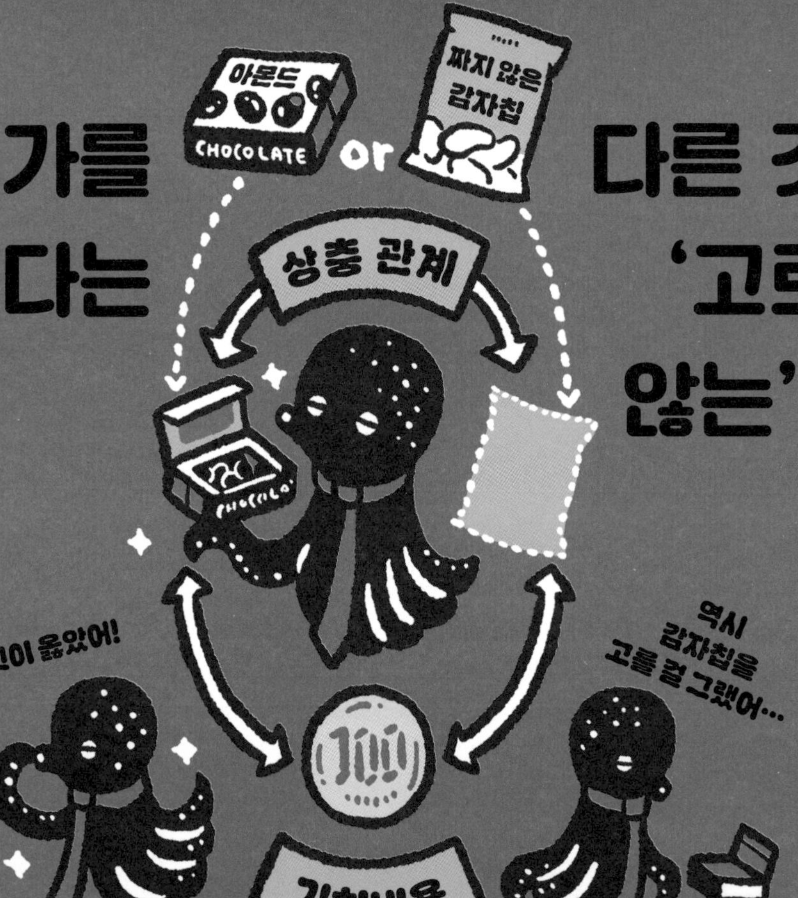

인간의 행동 하나하나가 선택

잘못된 선택을 하지 않으려면…

제 1 장
'사기'와 '팔기'를 이해하는 경제학

용어
상충 관계

경제학은 '선택의 학문'이라고도 합니다. 왜냐하면 **모든 자원에는 한계(희소성)가 있기** 때문입니다. 예를 들어 석유는 휘발유 같은 연료나 플라스틱 같은 다양한 물질의 원료가 되지만 매장량이 한정되어 있습니다. 그래서 석유를 얼마나 캐서 무엇을 만드는 데 쓸지 선택하는 데도 경제학이 작용합니다.

여러분의 평소 행동에도 같은 원리가 작용합니다. 혹시 용돈 1,000원으로 초콜릿을 살지 과자를 살지 고민한 적이 있나요? 이것은 용돈에도 희소성이 있기 때문입니다.

'무언가를 고른다'는 것은 '다른 것을 고르지 않는(잃는)' 것을 의미합니다. 예를 들어 용돈 1,000원으로 초콜릿을 사면 과자를 살 기회가 사라지지요. 이처럼 **무언가를 얻고자 할 때 포기해야 하는 관계**를 경제학에서는 **상충 관계**(trade-off)라고 하고, 고르지 않은 선택지를 **기회비용**이라고 합니다. '과자를 먹을 기회를 비용(cost)으로 지불하고 초콜릿을 샀다'라고도 생각할 수 있답니다.

 초콜릿도 과자도 사지 않았다면 '둘 다 사지 않는' 선택을 한 셈이야. 우리는 어떤 경우에도 '선택'에서 도망칠 수 없어.

> 03
> 제 1 장
> '사기'와 '팔기'를 이해하는 경제학

인간은 어떻게 선택할까?

나에게 무엇이 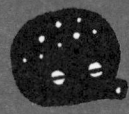 이익일까?

우리는 모두 '나에게 이익'인 것을 고른다.

인간은 합리적으로 행동한다

03

제 1 장
'사기'와
'팔기'를
이해하는
경제학

인간은 무언가를 고를 때 어떤 점을 고려할까요? **경제학은 기본적으로 '인간은 합리적으로 행동한다'라는 전제에서 출발합니다.** '합리적'이라는 말은 경제학을 이해하는 데 중요한 단어로, **'자신에게 가장 이익이 되는 것을 고른다'**는 뜻입니다.

예를 들어 똑같은 공책을 편의점에서는 2,000원에 파는데 맞은편 문구점에서는 1,500원에 판다면 어떨까요? 당연히 500원이 싼 문구점에서 사겠지요.

이처럼 **늘 합리적으로 행동하는 사람을 경제학에서는 호모 에코노미쿠스(경제적 인간)라고 합니다**(하지만 실제 사회에서는 사람들이 합리적이지 않은 행동도 자주 하지요. 그래서 인간이 비합리적으로 행동하는 이유를 연구하는 '행동 경제학'이라는 학문도 있답니다).

한편, **선택에 영향을 미치는 원인을 인센티브(경제적 유인)라고 합니다.** 만약 사람들이 2,000원짜리 공책이 아닌 1,500원짜리 공책을 더 많이 산다면 '공책을 살 때 가격이 인센티브로 작용했다'라고 표현할 수 있습니다.

용어
호모 에코노미쿠스

생물학적으로 인간은 '호모 사피엔스'라는 명칭으로 불려. 호모는 '인간', 사피엔스는 '슬기롭다'는 뜻이래.

04 가격은 어떻게 결정될까?

제 1 장
'사기'와 '팔기'를 이해하는 경제학

얼마에 내놓으면  잘 팔릴까?

사려는 사람과 팔려는 사람의 균형점에서 가격이 정해진다.

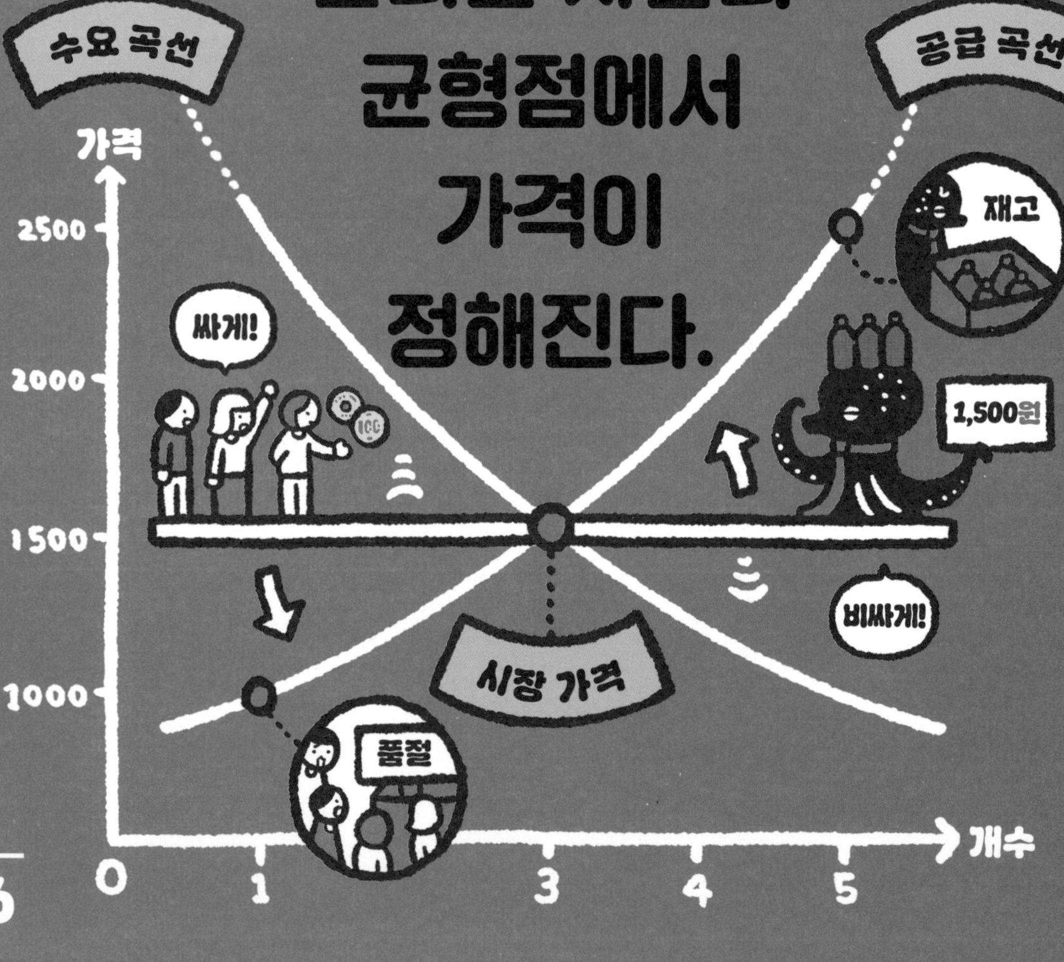

싸게 사고 싶어 vs. 비싸게 팔고 싶어

여기서 더 내리면 적자라 안 돼!

04

제 1 장
'사기'와
'팔기'를
이해하는
경제학

용어 수요 / 공급

인물 앨프리드 마셜

상품 중에는 가격이 비싼 것도 있고 싼 것도 있습니다. 가격이 정해질 때 등장하는 것이 경제학에서 아주 중요한 개념인 **수요**와 **공급**입니다.

간단히 설명하자면, **수요는 '사려는' 마음, 공급은 '팔려는' 행동**입니다. 사려는 사람은 많은데 파는 사람이 적다면(공급보다 수요가 많다면) 가격이 올라갑니다. 알이 큰 다이아몬드는 쉽게 채취할 수 없어서 공급이 적지만 예쁘기 때문에 많은 사람이 갖고 싶어 하지요. 그래서 다이아몬드 가격이 비쌉니다. 반대로 길가에서 흔히 볼 수 있는 돌멩이는 100원이라고 해도 살 사람이 없겠지요. 이런 경우가 수요보다 공급이 많은 상황입니다.

일반적으로 **상품의 가격이 오르면 수요가 줄어들고 공급은 늘어납니다**. 사는 사람은 싸게 사고 싶어 하는 반면, 파는 사람은 비싸게 팔고 싶어 하기 때문입니다. 앨프리드 마셜 등의 경제학자는 이런 수요와 공급의 변화를 곡선 그래프로 나타냈습니다. **수요 곡선과 공급 곡선이 교차하는 지점에서 상품의 가격(과 공급량)이 정해진다**고 생각했습니다.

'수요와 공급이라는 두 단어만 잘 가르치면 앵무새도 훌륭한 경제학자가 될 수 있다'라는 말도 있대.

'경기가 좋다'는 게 무슨 뜻일까?

05

제 1 장
'사기'와
'팔기'를
이해하는
경제학

사고 싶지만… 지금은 참자.

사람들이 얼마나 사고파는지 반영된 것이 경기.

경기는 사람의 심리에 좌우되나?

제 1 장 '사기'와 '팔기'를 이해하는 경제학

05

어른들의 대화나 뉴스에서 자주 들려오는 단어인 경기. 우리는 경기를 통해 **'상품과 서비스가 세상에서 얼마나 많이 사고팔리는지'** 가늠할 수 있습니다. 경기가 좋으면(**호황, 호경기**) 세상에서 상품과 서비스가 많이 팔린다는 뜻이고, 경기가 나쁘면(**불황, 불경기**) 그 반대입니다.

예를 들어 수입이 늘면 새 옷을 살지, 먹을 것을 더 살지 궁리하며 물건을 많이 사겠지요. 이런 식으로 **여러 사람이 돈을 많이 쓰면 경기가 좋아집니다.** 하지만 많은 사람이 '올해는 수입이 늘었지만 내년에는 줄어들지도 몰라.'라고 위기감을 느끼면 너도나도 돈을 쓰지 않아 경기가 나빠질 수 있습니다. 이처럼 **경기는 사람들의 심리에 따라 좌우되기도 합니다.**

호황과 불황은 마치 밀물과 썰물처럼 교대로 찾아옵니다(경기 순환). 그런데 불황에도 역할이 있습니다. 사람들이 물건을 잘 사지 않으면 기업은 어떻게든 물건을 팔기 위해 더 나은 상품과 서비스를 만듭니다. 불황이 좋은 상품과 서비스를 늘리는 계기가 되기도 하는 것이지요.

용어 경기

인물 조셉 키친, 니콜라이 콘드라티예프

경기 순환의 파동에도 여러 종류가 있는데 '키친 파동' '콘드라티예프 파동' 등 저마다 발견자의 이름을 붙여 부른대.

19

제2장 돈의 원리를 이해하는 경제학

돈이란 대체 무엇일까?

모두가 갖고 싶어 하는  **이상한 종이**

모두가 가치 있다고

믿는 것이 돈.

정부의 신용이 중요하다

용어 | 공동 환상

사람들은 **돈(화폐)에 '가치가 있다'라고 굳게 믿습니다**. 하지만 정말 그럴까요? 만 원 지폐를 예로 들면, 사실 우리는 '만 원의 가치가 있는 종이다'라는 정부의 말을 모두가 믿고 있는 것뿐입니다. 이처럼 **사람들이 아무 생각 없이 믿는 것을** 공동 환상이라고 합니다.

옛날에는 많은 나라에서 쌀을 돈처럼 주고받았습니다. 쌀이 모두가 원하는 것이었기 때문이죠. 하지만 쌀은 보관 기간이 짧고 사용하기 번거로워 차츰 금이나 은으로 대체되었습니다. 그런데 금이나 은은 무거워서 가지고 다니기 힘들어 '**이 종이가 있으면 언제든지 금과 바꿔 주겠다**'라고 약속하는 종이(태환권)가 탄생했지요. 이 종이(지폐)를 이용한 제도를 금 본위제라고 합니다.

그런데 1930년경부터 세계 여러 나라에서 금 본위제를 포기했습니다. 금 본위제를 유지하면 정부가 가진 금보다 많은 돈을 함부로 만들 수 없기 때문입니다. 이후 **금의 가치가 아니라 정부의 말을 믿고 돈을 쓰는** 관리 통화제가 시작되었습니다. 지금은 전 세계에서 당연하게 관리 통화제가 쓰이고 있습니다.

 옛날, 중국에서는 조개껍데기가 돈이었대. 그래서 살 매(買), 저축할 저(貯), 재물 재(財)처럼 돈과 관련된 한자에 조개 패(貝)가 들어가는 경우가 많아.

돈을 남는 곳에서 부족한 곳으로 보내는 것이 은행의 역할.

사회에서 돈을 효율적으로 굴린다

내가 맡긴 돈을 다른 데다 쓴다고?

용어: 금융

은행은 단지 사람들의 돈을 맡아 주기만 하는 곳은 아닙니다. 은행의 가장 중요한 역할은 금융이지요.

금융이란, **돈을 남는 사람에게서 부족한 사람에게로 융통하는(건네주는) 일**입니다. 은행에 맡겨진 돈은 말하자면 '바로 쓰지 않을 돈'입니다. **은행은 당장 쓰지 않을 돈을 모아서 바로 써야 하는 사람이나 기업에 빌려줍니다.**

11쪽에서 설명한 것처럼 **경제에서 중요한 것은 자원을 효율적으로 사용하는 일**입니다. 돈도 자원이므로 바로 쓰지 않을 돈을 묵혀 두는 것은 낭비지요.

은행은 돈이라는 자원이 사회 전체에서 막힘없이 쓰이도록 돕습니다. 그 대신 예금된 돈을 다른 곳에 빌려줄 때는 **상대(사람 또는 기업)가 빌린 돈을 제대로 갚을 수 있을지 확인합니다.**

만약 기업이 새 상품을 만들기 위해 돈을 빌리려고 한다면, 그 상품이 정말 잘 팔릴지 알아보고 돈을 빌려줄지 말지 결정합니다.

 일본은 메이지 시대에 금융 기관을 '금행'이라고 부를지 '은행'이라고 부를지 정할 때 어감이 더 좋아서 '은행'으로 정했대.

돈을 빌려주면 불어난다?

아무것도 안 해도 돈이 불어난다고?

다른 사람에게 돈을 빌려주면 기다린 만큼 이자를 받을 수 있다.

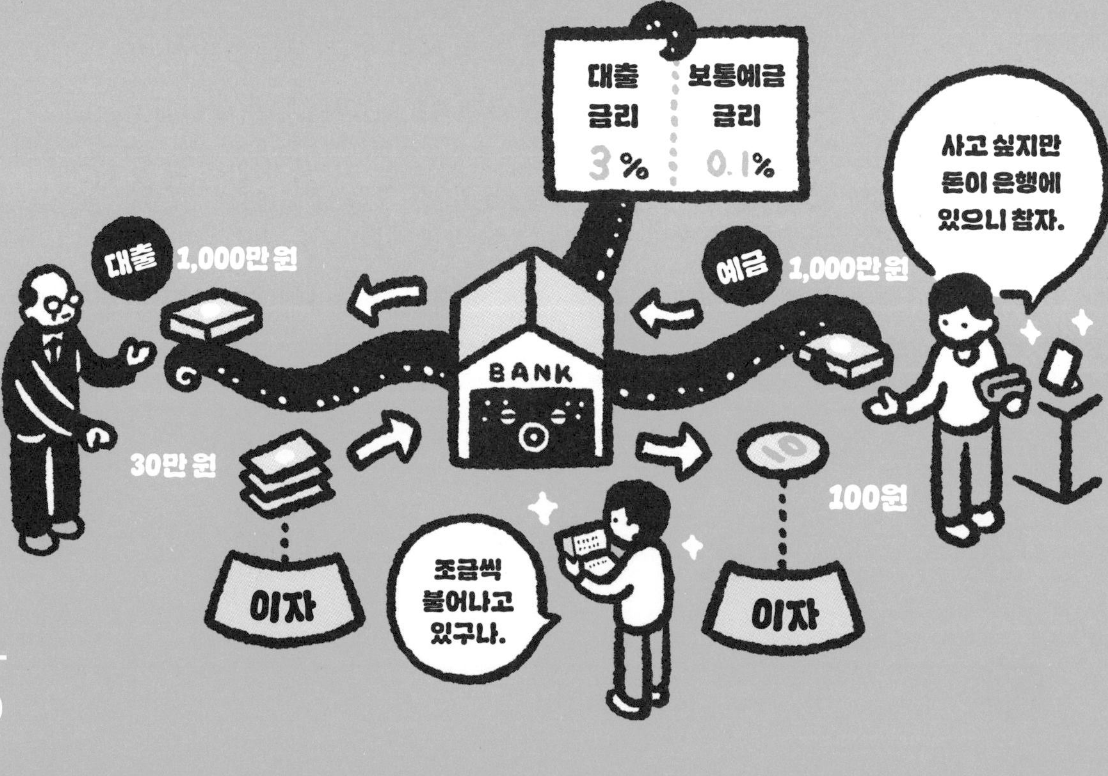

은행의 예금이 불어나는 이유

예금 금리는 점점 떨어지고 있대.

은행에 돈을 맡기면 조금씩 불어납니다. **은행에 돈을 맡긴다는 것은 결국 우리가 은행에 돈을 빌려주는 것이므로** 이자가 붙기 때문입니다.

돈을 다른 사람에게 빌려주면 다시 돌려받을 때까지 그 돈을 자유롭게 쓸 수 없습니다. 지갑에 들어 있는 돈은 언제든지 꺼내 쓸 수 있지만 은행에 맡긴 돈은 현금 자동 입출금기(ATM)에서 뽑거나 은행 창구에서 찾지 않으면 자유롭게 쓸 수 없습니다. 이처럼 **'돈을 자유롭게 쓰지 못하고 기다린 값'이 이자이고 이자의 비율을** 금리라고 합니다.

반대로 은행에서 사람이나 기업에 돈을 빌려줄 때는 은행이 이자를 받습니다. 이때 **은행이 사람들에게서 돈을 빌리고 주는 금리와 다른 곳에 돈을 빌려주고 받는 금리에 차이가 있는데 이것이 은행의 수익이 됩니다.** 한국 대형 은행의 입출금 자유예금의 기본 금리는 0.1% 내외입니다.(2025년 기준) 만약 은행에서 금리 3%로 다른 사람이나 회사에 돈을 빌려준다면 은행은 3%에서 0.1%를 뺀 만큼 돈을 버는 셈입니다(사실 은행의 수익 계산법은 더 복잡하답니다).

 100원을 빌려주고 101원을 돌려받는다면 금리는 1%, 이자는 1원이야.

09
제 2 장
돈의 원리를 이해하는 경제학

중앙은행은 어떤 은행일까?

은행이 위기에 빠지면  어떻게 되는 거지?

중앙은행은 돈도 만들 수 있는 '은행의 은행'.

우리는 보통 바로 쓰지 않을 돈은 은행에 맡깁니다. 집에 두면 도둑맞을 수도 있고 불이 나서 타 버릴 수도 있기 때문입니다.

그런데 은행도 꼭 안전하지는 않습니다. **은행도 만일의 경우에 대비해서 모인 돈의 일부를 다른 곳에 맡긴답니다.**

여러 은행의 돈을 맡아 주는 곳이 바로 중앙은행입니다. 중앙은행은 일반 은행이 위기 상황일 때 돈을 빌려주기도 해서 최종 대출자라고도 불립니다. 중앙은행은 이른바 '**은행을 위한 은행**'입니다. 한국의 중앙은행은 한국은행입니다. 참고로, 미국에는 연방 준비 제도 이사회(FRB)가 있고 유럽 연합(EU)에는 유럽 중앙은행(ECB)이 있습니다.

중앙은행은 발행 은행 역할도 합니다. 국가에서 **돈(화폐)을 만들 수 있는 유일한 기관**이지요. 세상에 돈이 너무 많이 풀려도 안 되고 너무 적게 풀려도 안 됩니다. 경기에 따라 알맞은 양을 풀어야 하지요. 그래서 중앙은행은 정부로부터 독립해 직접 돈을 얼마나 만들지 결정한답니다.

 한국은행에서 화폐 발행량을 결정하면 한국조폐공사에서 만든대.

은행이 돈을 늘릴 수 있다고?

마법 같아!

은행이 돈을 많이 빌려줄수록 세상의 돈이 늘어난다!

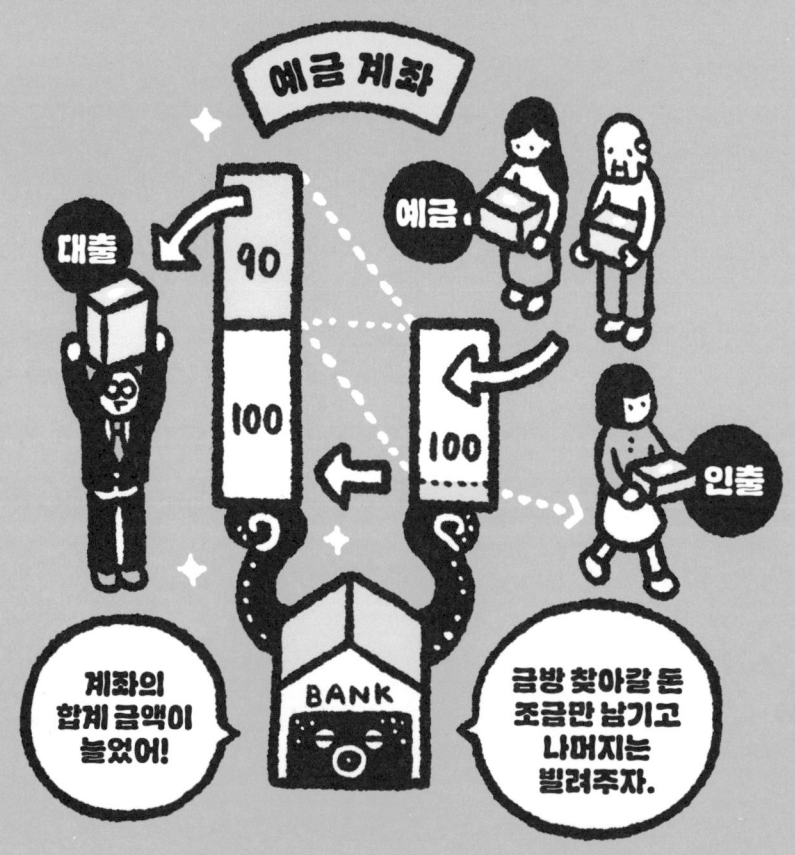

은행이 신용으로 선보일 수 있는 기술

신용을 바탕으로 점점 불려 나가자.

제2장 돈의 원리를 이해하는 경제학

용어 신용 창조

인물 체스터 아서 필립스

돈은 국가에서 만듭니다. 하지만 **일반 은행도 예금된 돈을 다른 사람에게 빌려주어 세상에 융통되는 돈의 양을 늘릴 수 있지요**. 이것을 신용 창조라고 하며 체스터 아서 필립스 등의 경제학자가 그 원리를 연구했습니다.

예를 들어 문어 은행에 1만 명이 100만 원씩 총 100억 원을 맡겼다고 합시다. 문어 은행은 그중 90억 원을 오징어 회사에 빌려주었습니다. 그런데 이때 현금으로 준 것이 아니라 은행에 있는 오징어 회사의 계좌에 90억 원이라고 입력했습니다. 그러자 **실제 돈은 100억 원인데도 문어 은행 계좌에는 190억 원으로 90억 원이 늘어났습니다**. 없던 돈이 생기다니, 뭔가에 홀린 기분이지만 이 세상의 은행은 날마다 이런 일을 합니다.

신용 창조는 모든 예금자가 동시에 예금을 모두 인출할(찾아갈) 리 없으므로 가능합니다. 하지만 만약 '문어 은행의 상황이 좋지 않다'는 소문이 돌아서 **사람들이 너도나도 예금을 찾는다면 큰 혼란이 벌어지겠지요**. 이것을 대규모 예금 인출 사태(뱅크런)라고 합니다.

 실제로 작은 소문 때문에 은행에서 대규모 예금 인출 사태가 일어난 적이 꽤 있대.

11 인플레이션, 디플레이션이란 무엇일까?

제 2 장 돈의 원리를 이해하는 경제학

악순환에서 빠져나오려면…

상품·서비스 ← 팔리지 않아 가격이 내려간다 → 기업·상점

경기가 변하면
여러 상품의
가격도 변한다.

↑ 돈을 쓰지 않는다   매출액이 줄어든다 ↓

가게   ← 급여가 줄어든다 →   일하는 사람

경기가 좋으면 가격이 오르다

우리나라의 지금 상황은?

인플레이션은 '상품 가격이 계속해서 오르는 현상'으로 줄여서 인플레라고도 합니다. 반대로 디플레이션(디플레)은 '상품 가격이 계속해서 내려가는 현상'을 말합니다.

디플레이션은 보통 불황일 때 일어납니다. 경기가 나쁘면 사람들이 지갑을 잘 열지 않아서 가격을 낮춰야만 상품을 팔 수 있습니다. 하지만 상품을 싸게 팔면 기업의 수익이 줄어들어 그곳에서 일하는 사람의 급여도 낮아집니다. 급여가 깎이면 사람들은 더 싼 상품을 찾게 되고 그러면 가격이 더 떨어지겠지요. 이것을 디플레이션의 악순환이라고 합니다.

인플레이션은 **수요가 늘어 가격이 오르는** 수요 견인 인플레이션과 재료비 등의 **비용이 늘어 가격이 오르는** 비용 상승 인플레이션으로 나뉩니다. 수요 견인 인플레이션은 급여도 함께 오를 때가 많아 '좋은 인플레이션'이라고 하지만 비용 상승 인플레이션은 급여는 오르지 않고 상품 가격만 오르기도 합니다. 이와 같이 **경기는 안 좋은데 물가만 오르는** 것이 스태그플레이션입니다.

제 2 장 돈의 원리를 이해하는 경제학

용어: 인플레이션／디플레이션

 스태그플레이션은 스태그네이션(경기 침체)과 인플레이션을 합친 말이래.

원화 약세, 원화 강세란 무엇일까?

약세였다 강세였다 하지.

원, 달러 같은 돈의 가격은 날마다 달라진다.

달러가 어제보다 비싸다?

미국에 여행을 가려면 미국 돈(달러)이 있어야겠지요. 그러려면 **미국 돈으로 바꿔야 하는데 이때의 교환 비율을** 환율**이라고 합니다.**

환율은 항상 바뀝니다. 예를 들어 어제는 1달러에 1,350원이었는데 오늘은 1달러에 1,360원이라고 합시다. 달러를 기준으로 생각하면 오늘은 어제보다 달러 가격이 오른 셈입니다. 하지만 반대로 생각하면 원화 가격은 그만큼 떨어졌지요. **1달러가 1,350원에서 1,360원으로 오르면 '**원화 약세**(달러 강세)가 되었다'**라고 합니다. 반대로 **1달러가 1,350원에서 1,340원으로 떨어지면 '**원화 강세**(달러 약세)가 되었다'**라고 합니다.

통화 가격 역시 수요와 공급의 균형점에서 결정됩니다. 달러를 찾는 사람이 많으면 달러가 비싸지고 달러보다 원화를 찾는 사람이 많으면 달러가 싸집니다.

2008년 미국에서 리먼브러더스 사태가 생겼을 때 많은 사람이 미국의 경제를 걱정해 달러를 팔고 안전 자산으로 여겨지는 엔화를 사는 바람에 달러당 엔화 가격이 80엔대까지 하락(달러 약세, 엔화 강세)하기도 했답니다.

 제2차 세계 대전 이후 한동안은 한국도 일본도 달러당 환율이 고정되어 있었대. 계속 그랬으면 계산하기 편하고 좋았을 텐데.

13

제 2 장 돈의 원리를 이해하는 경제학

원화 강세와 원화 약세 중 무엇이 더 좋을까?

10년 전에는 1달러가 1,000원이었어.

원화 약세: 1달러 = 2,000원

2,000만원

1,500만원

수출로 돈을 버는 기업이 많은 한국은 원화 강세면 손해다.

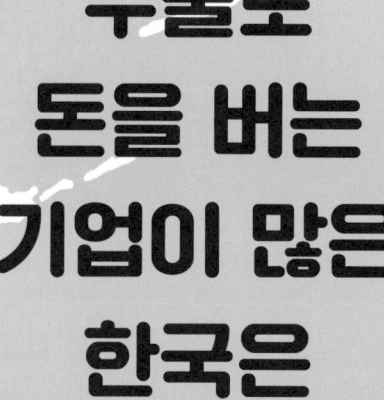

$10,000

원화 강세: 1달러 = 1,500원

원화의 가격을 떨어뜨리기 위해서는?

앞날을 내다보고 있는 걸까?

용어 환율 개입

원화 강세(달러 약세)는 미국 여행을 하는 사람에게 고마운 일입니다. 적은 돈으로 많은 달러를 살 수 있으니까요. 마찬가지로 원화 강세로 이익을 보는 곳은 외국에서 상품을 수입해 국내에서 파는 기업입니다. 환율이 하락해서 원화가 강세를 보일 때는 외국 상품을 싸게 살 수 있지요.

그렇지만 원화 강세로 손해를 보는 곳도 있습니다. 한국에서 만든 상품을 미국 등에 수출해서 돈을 버는 기업입니다. 예를 들어 한국의 자동차 제조 회사가 미국에서 자동차를 1대당 1만 달러에 판매한다고 합시다. 이때 환율이 달러당 2,000원이면 자동차 한 대당 매출액은 2,000만 원입니다. 하지만 원화가 강세를 보여 환율이 1달러에 1,500원으로 떨어지면 똑같은 차를 팔아도 매출액이 한 대당 1,500만 원으로 줄어듭니다. 한국에는 수출로 돈을 버는 기업이 많아서 **원화가 강세로 돌아서면 한국 경제에는 이익보다 손해가 클 수 있습니다.**

국고에 있는 외국 돈을 사고파는 곳을 외환 시장이라고 합니다. 그리고 **정부가 외환 시장에 끼어들어 통화 가치를 조절하는 것을** 환율 개입**이라고 합니다.**

 원화 가격이 오르면 한국을 찾는 외국인 관광객들이 돈을 덜 쓰겠지.

암호 화폐란 무엇일까?

비트코인에서 시작되었지.

암호 화폐는 다 함께 관리하는 국경 없는 돈.

단순한 데이터가 돈이 되다

해킹으로 코인을 도둑맞는 일도 있어.

2000년대 들어 **정부가 아닌 개인이 데이터로만 이루어진 신개념 돈을 만들었습니다.** 비트코인에서 시작된 이것이 암호 화폐(가상 화폐)입니다.

암호 화폐는 **'좀 더 편리한 돈'**을 찾는 사람들이 많아져 쓰이게 되었습니다. 지금은 누구든지 인터넷으로 외국에 있는 사람과 돈을 주고받을 수 있지만 나라마다 쓰이는 돈의 종류가 달라 환전을 해서 보냅니다. 이 번거로운 과정을 없앨 수 있는 것이 **'국경 없는 돈'**으로 불리는 암호 화폐입니다.

암호 화폐는 데이터로만 이루어진 돈이라서 정부가 가치를 보증하지 않습니다. 그럼에도 안심하고 사용할 수 있는 이유는 블록체인이라는 기술 때문입니다. 간단히 설명해 이것은 **암호 화폐를 이용하는 모두가 모든 거래 데이터를 확인할 수 있는 기술**입니다. 전 세계 사람이 데이터를 볼 수 있으므로 누군가 데이터를 고쳐서 꼼수를 써도 금방 알아차릴 수 있습니다. 23쪽에서 설명한 것처럼 돈은 공동 환상입니다. 그러므로 **모든 사람이 가치 있다, 믿을 만하다고 생각하면 데이터도 돈이 될 수 있답니다.**

 비트코인은 2008년에 사토시 나카모토라고 하는 사람이 개발했대. 하지만 아직까지 그의 정체는 밝혀지지 않았어.

제 3 장
세상이 돌아가는 이치를 이해하는 경제학

자본주의란 무엇일까?

제 3 장 세상이 돌아가는 이치를 이해하는 경제학

돈을 버는 사람이 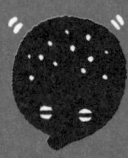 높이 올라가지.

자유롭게
돈을 벌면 된다는
사상이 자본주의.

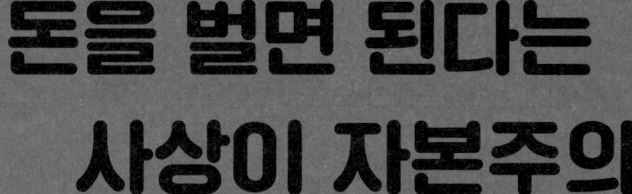

경쟁이 일어나는 게 좋다?

서로 경쟁한 덕분에 편리한 세상이 됐어.

용어 자본주의
인물 애덤 스미스

무언가를 만들 때 필요한 돈이나 건물, 기계 등의 설비를 <u>자본</u>이라고 합니다. 개인이 자본을 소유하고 자유롭게 돈을 버는 것을 추구하는 사상을 <u>자본주의</u>라고 하지요.

자본주의의 바탕에는 **모든 사람이 '자신의 이익'을 위해 행동하면 사회가 저절로 풍요로워진다는 논리**가 있습니다. 예를 들어 문어는 사과 1개를 1,000원, 오징어는 900원에 판다고 합시다. 그러면 모든 사람이 오징어의 사과를 사겠지요. 그러면 문어는 사과를 팔기 위해 800원으로 가격을 내릴지 고민합니다. 그 결과 사과를 먹고 싶은 사람이 더 싼값에 살 수 있습니다.

이처럼 **모두가 자신의 이익을 추구하면 경쟁이 일어나 상품 가격이 낮아지고 그로 인해 많은 사람이 행복해진다**고 주장하는 것이 자본주의입니다. '근대 경제학의 아버지'로 불리는 애덤 스미스는 이런 과정을 거쳐 상품 가격이 결정되는 것을 <u>'보이지 않는 손'</u>이 시장을 움직인다고 했습니다. 모두가 자유롭게 경쟁하면 자원이 알아서 효율적으로 배분된다는 뜻입니다.

 '신의 보이지 않는 손'이라는 말도 있는데 사실 애덤 스미스는 '신'이라는 단어를 쓴 적이 없다나 봐.

사회주의란 무엇일까?

제 3 장
세상이 돌아가는 이치를 이해하는 경제학

서로 경쟁하면 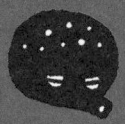 승자와 패자가 생겨.

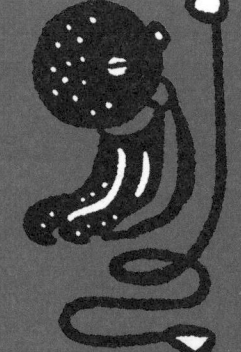

번 돈을 모두가 공평하게 나눠 쓰자는 사상이 사회주의.

빈부의 차이는 어떻게 생길까?

모두가 행복하게 살기 위해서는…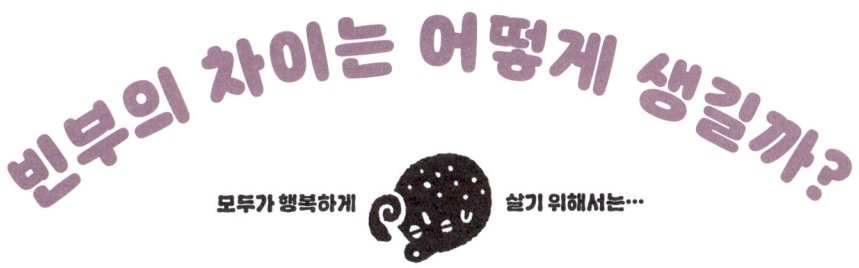

제 3 장 세상이 돌아가는 이치를 이해하는 경제학

용어 사회주의

인물 카를 마르크스, 프리드리히 엥겔스

개인의 자본 소유를 금지하고 어떤 것을 얼마나 만들어서 얼마에 팔지 정부가 결정해야 한다고 주장하는 사상을 사회주의라고 합니다. 이것은 독일의 카를 마르크스가 내세운 개념입니다.

마르크스는 **자본주의 사회에서는 자본이 있느냐 없느냐에 따라 빈부의 차이가 생기기 쉽다**고 생각했습니다. 예를 들어 문어에게는 사과나무(자본)가 있는데 새우에게는 없다고 합시다. 새우는 팔 수 있는 것이 없어서 사과를 따는 일(노동)을 하고 문어에게서 급여를 받습니다. 이때 문어는 자신의 수익을 늘리기 위해 새우에게 낮은 급여를 주면서 많은 일을 시키겠지요. 이렇게 해서 빈부의 차이가 생겨납니다.

마르크스는 **빈부의 차이가 심해지면 노동자(새우들)가 혁명을 일으켜서 자본주의 사회가 무너지고 사회주의 사회가 시작될 것**이라고 주장했습니다. 그곳은 모든 자본을 정부가 관리하는, 빈부의 차이가 없는 사회입니다. 나아가 마르크스는 언젠가 정부조차 사라진 공산주의 사회가 찾아올 거라고 믿었답니다.

 마르크스의 <자본론>이라는 책은 3권까지 있는데 2권과 3권은 친구인 프리드리히 엥겔스가 썼대. 마르크스가 책을 쓰던 도중에 죽었거든.

17 시장 실패란 무엇일까?

제 3 장
세상이 돌아가는 이치를 이해하는 경제학

자기 이득만 챙기려는 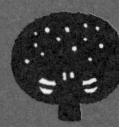 약은 사람도 있지.

너무 자유롭게 돈을 벌도록 놔두면 사회가 어지러워진다.

자유로운 경쟁이 나쁜 결과를 낳기도 한다

어느 한 사람의 이득이 모두의 이득으로 이어지지는 않아.

제 3 장 세상이 돌아가는 이치를 이해하는 경제학

용어 독점 / 외부성

자본주의에서는 모두가 자유롭게 돈을 벌면 경제가 알아서 굴러간다고 가정합니다. 하지만 실제 사회에서는 **너무 자유롭게 돈을 벌도록 놔두면 나쁜 일이 생기기도** 합니다. 이것을 시장 실패라고 합니다.

예를 들어 문어가 다른 사람의 사과나무를 모두 사들여 혼자 사과를 팔 수 있게 되었다고 합시다. 경쟁 상대가 사라졌기 때문에 문어는 사과 가격을 아주 높게 매길 수 있습니다. 이와 같이 **공급할 수 있는 사람이 한 명(한 회사)뿐인 상태**를 **독점**이라고 하는데 이것은 시장 실패의 한 형태입니다.

그리고 어느 기업이 상품을 만들면서 발생한 해로운 물질을 강에 버리거나 배기가스를 배출한다면 자연환경이 파괴되고 주변에 사는 사람들의 건강이 나빠질 것입니다. 이처럼 제3자에게 나쁜 영향을 끼치는 것을 (부정적) **외부성**이라고 하며 이것도 시장 실패의 한 형태입니다.

이런 사태를 막기 위해 많은 나라가 경제 활동의 일부를 법률 등으로 제한합니다. 우리나라에도 독점 금지법, 환경 기본법 같은 법률이 있답니다.

 공급자가 하나일 때는 '독점'이고, 몇몇 기업이 대부분 지배하는 상태는 '과점'이라고 한대.

18 재정이란 무엇일까?

제 3 장
세상이 돌아가는 이치를 이해하는 경제학

부가세, 소득세, 주민세…

모두를 돕기 위한

자원 배분

정부의 경제 활동이 재정.

소득 재분배

재정에는 3가지 역할이 있다

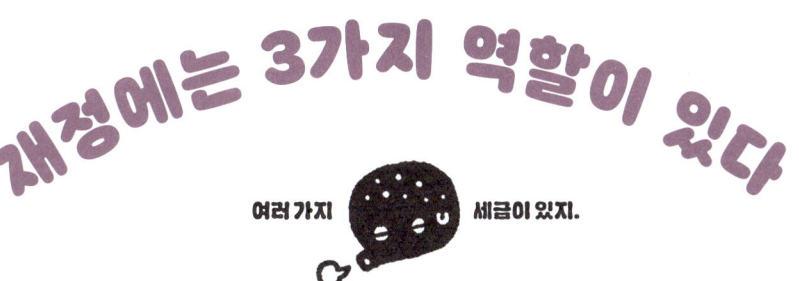

여러 가지 세금이 있지.

경제를 돌아가게 하는 주체(등장인물)는 크게 가계(개인), 기업, 정부로 나뉩니다. 그중 정부의 경제 활동을 **재정**이라고 하며 재정에는 3가지 역할이 있습니다. 여기서는 **자원 배분**과 **소득 재분배**에 대해 알아보겠습니다.

자원 배분은 **교육이나 방범, 소방, 국방, 교통 등 없으면 불편한 시설(사회 자본)을 세상에 제공하는 일**입니다. 이런 시설을 만드는 데는 많은 돈이 들지만 돈벌이는 되지 않아서 가계나 기업에서는 만들려고 하지 않습니다. 그래서 정부가 시설을 갖추는 데 필요한 돈을 세금이라는 형태로 모두에게서 조금씩 걷어 세상에 필요한 시설을 만듭니다.

소득 재분배는 **사람들 사이의 빈부 차이가 너무 벌어지지 않도록 조정하는 일**입니다. 이때 소득이란, 일해서 버는 돈을 뜻하지요. 모두의 돈을 재분배하는 방법으로 독일의 경제학자 아돌프 바그너 등이 제안한 **누진 과세**가 있습니다. 돈을 많이 벌수록 세금을 많이 내는 방식이지요. 그 밖에 일자리를 잃은 사람이나 장애가 있어서 일할 수 없는 사람 등을 지원하는 방법도 있습니다.

용어 소득 재분배

인물 아돌프 바그너

 2025년 기준으로 한국의 근로 소득세는 6%에서 최대 45%까지 소득 기준에 따라 다르게 적용돼.

경기가 나쁘면 정부는 무엇을 할까?

제3장 세상이 돌아가는 이치를 이해하는 경제학

지금은 오르막일까 내리막일까?

정부는 불황일 때 돈을 풀어 일자리를 늘린다.

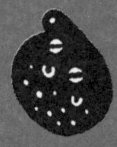

재정 정책

가볍다!

세금

요동치는 경기를 완만하게

경제 상황에 스킬 따위는 필요 없어.

정부가 벌이는 경제 활동(재정)의 세 번째 역할은 경기 조정입니다. 자본주의 사회에서는 호황과 불황이 교대로 찾아오지요(19쪽). 그런데 불황이 깊고 오래가면 모두가 살기 힘들어집니다. 그러므로 정부에서 다양한 대책을 세워 가라앉은 경기를 끌어올립니다.

이때 이루어지는 것 중 하나가 재정 정책입니다. **정부가 국고에서 드나드는 돈의 양을 조절**하는 일이지요. 예를 들어 경기가 좋지 않아 실업자가 많아지면 정부는 공공사업을 늘립니다. 공공사업이란, 도로를 새로 만들거나 다리를 놓는 일 등을 말합니다. 공공사업을 펼치면 **세상에 새로운 일자리가 생겨 일하는 사람이 늘어납니다**. 이런 공공사업의 중요성을 강조한 사람이 영국의 경제학자 존 메이너드 케인스입니다.

불황일 때는 세금을 줄이기도 합니다. 세금이 줄면 여유가 생겨 물건을 사기 쉽겠지요. 그러면 경제가 활성화됩니다. 이처럼 불황일 때 정부가 국고에서 나가는 돈(세출)을 늘리고 들어오는 돈(세입)을 줄이는 것이 재정 정책입니다.

용어: 재정 정책
인물: 존 메이너드 케인스

 케인스는 도박을 좋아했대. 외국 카지노에서 가진 돈을 몽땅 잃어 귀국할 수 없게 되자 아는 사람에게 돈을 빌린 적도 있대.

금융 정책이란 무엇일까?

20

제3장 세상이 돌아가는 이치를 이해하는 경제학

재정 정책과 함께 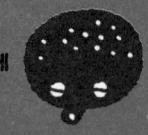 나라의 기반이지.

금리를 올리거나 내리면 경기를 완만하게 조정할 수 있다.

내일부터 금리를 내리겠습니다!

금융 정책

그럼 돈을 빌려서 새 차를 뽑자.

오, 잘 나가는데?

불황일 때는 금리를 내린다

지갑을 열었다 닫았다 하는구나.

경기가 좋지 않을 때 재정 정책과 함께 시행되는 것이 **금융 정책**입니다. 케인스가 구상한 개념이지요. 금융 정책을 펴는 곳은 중앙은행입니다. **경기가 나쁘면 중앙은행은 시중 은행의 금리를 낮춰 경기를 살리려고 합니다.**

금리를 낮추면 왜 경기가 살아날까요? 예를 들어 보겠습니다. 문어가 은행에서 돈을 빌려 새로운 상품을 만들려고 합니다. 그런데 금리가 높아 이자를 많이 내야 합니다. 그러면 문어는 부담을 느껴 상품 만들기를 포기할 것입니다.

반대로 **은행 금리가 낮으면** 어떨까요? **부담 없이 돈을 빌려 새로운 사업을 시작할 수 있고 그러면 새로운 일자리와 매력적인 상품이 늘어나 경기가 좋아질 것**입니다.

중앙은행은 경기를 살펴 가며 금리를 얼마로 정할지 목표(**기준 금리, 정책 금리**)를 설정합니다. 그리고 **콜 시장(은행끼리 돈을 거래하는 시장)에 유통되는 화폐량을 늘리거나 줄여 금리를 낮추거나 높입니다.** 이것을 **공개 시장 운영**이라고 한답니다.

용어 **공개 시장 운영**

인물 **존 메이너드 케인스**

 공정 이율(공정 금리)은 중앙은행이 시중의 은행에 돈을 빌려줄 때 적용하는 금리야. 시중 은행은 공정 이율을 참고해서 금리를 정한대.

거품 경제란 무엇일까?

제 3 장
세상이 돌아가는 이치를 이해하는 경제학

21

뭐?

앗, 금리를 올리겠습니다.

금리가 낮으니 돈을 빌려 땅을 사들이자!

가격만 거품처럼 부풀어 오른 것이 거품 경제.

땅값이 쭉쭉 오른다

경기가 너무 좋아도 문제인가?

정부는 경기가 너무 좋을 때도 시장에 개입합니다. 지나친 호황은 **거품 경제**로 이어질 수 있기 때문입니다.

거품 경제란, **거품처럼 속이 빈 채 주식이나 땅 등의 가격만 높아진 경제 상태**입니다. 예를 들면, 일본은 1980년대 말 거품 경제에 빠졌습니다. 일본의 중앙은행이 금리를 크게 낮춘 것이 원인이었지요. **금리가 낮아지자 기업들이 은행에서 돈을 빌려 땅을 사들이기 시작**했습니다. 땅을 사 놓았다가 가격이 오르면 팔 생각이었지요. 그런데 땅을 사려는 수요가 높아지자 땅값이 가파르게 올랐고, 비싸서 사지 못한 일반 사람은 집을 지을 수 없었습니다.

그 후 상황이 심각하다고 판단한 **중앙은행이 금리를 올려 이번에는 땅값이 확 떨어졌습니다**. 그러자 은행에서 빚을 내 땅을 샀던 기업은 사 놓은 땅을 팔아도 빚을 다 갚을 수 없어 결국 문을 닫고 말았습니다. 그 바람에 기업에 돈을 빌려주었던 은행도 문을 닫았지요. 여기저기서 회사가 문을 닫자 사람들은 불안에 휩싸였고 일본 전체 경기가 단숨에 얼어붙었답니다.

 거품 경제 현상의 또 다른 예로는 네덜란드의 튤립 파동이 있어. 그때 튤립 알뿌리(구근)가 아주 비싼 값에 팔렸대.

용어 거품 경제

제 3 장
세상이 돌아가는 이치를 이해하는 경제학

GDP란 무엇일까?

모두가 열심히 일한 성과야.

국민 모두가 만든 가치를
다 더한 것이 GDP.

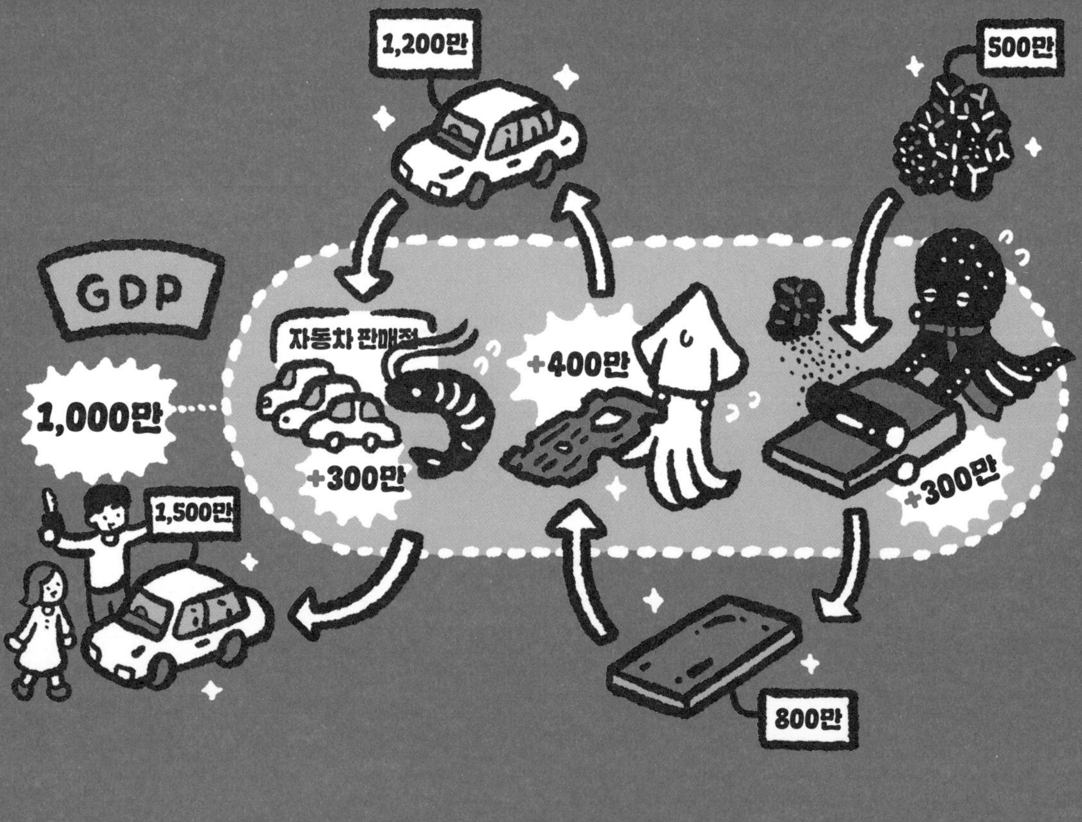

GDP 증가는 경제 성장을 의미한다

우리나라 GDP 순위는 세계 몇 위일까?

나라 전체의 경제가 호황인지 불황인지 알 수 있는 요소 중에서 중요한 것이 **GDP(국내 총생산)**입니다. GDP는 **일정 기간(3개월 또는 1년) 동안 제공된 상품 및 서비스의 부가가치를 모두 더해서 계산합니다**. 이 지표는 노벨 경제학상을 수상한 사이먼 쿠즈네츠의 연구를 바탕으로 만들어졌습니다.

예를 들어 문어가 500만 원을 주고 철광석을 샀다고 합시다. 문어는 철광석을 철로 가공해서 오징어에게 800만 원에 팔았습니다. 오징어는 그 철로 자동차를 만들어 새우에게 1,200만 원에 팔았지요. 그리고 새우는 자신의 판매점에서 손님에게 자동차를 1,500만 원에 팔았습니다.

이처럼 **가공하고 제조하고 서비스(판매)하는 과정에서 더해진 것이 부가가치**입니다. 위의 사례에서 발생한 부가가치를 모두 더하면 1,000만 원입니다 (문어가 만든 부가가치 300만 원+오징어가 만든 부가가치 400만 원+새우가 만든 부가가치 300만 원=1,000만 원). 이 값을 국내의 다른 모든 부가가치와 더하면 그 나라의 GDP가 됩니다. GDP 증가율을 **경제 성장률**이라고 합니다.

제 3 장 — 세상이 돌아가는 이치를 이해하는 경제학

용어 GDP(국내 총생산)

인물 사이먼 쿠즈네츠

 만약 길가의 돌멩이를 주워서 색을 칠한 다음 100원에 팔았다면 '돌멩이에 100원의 부가가치가 붙었다.'라고 할 수 있어.

주식이란 무엇일까?

주식회사는 주식을 발행할 수 있는 회사야.

개인에게 투자 받은 것을 증명하는 것이 주식.

돈을 투자해서 회사를 응원한다!

용어: 주식

회사를 운영하려면 돈이 있어야 합니다. 이때 회사는 필요한 돈을 은행에서 빌릴 수 있지요. 그런데 **회사의 성공 가능성을 내다본 사람에게서 직접 투자를 받는 방법**도 있답니다. 이때 **개인에게 투자 받은 것을 증명하는 것**이 주식입니다. 그리고 주식을 가진 사람을 '주주'라고 하지요.

주주는 자신이 투자한 회사의 사업이 성공하면 이익의 일부(배당금)를 받습니다. 또한 주주 우대라는 것이 있어서 회사로부터 특별 상품이나 서비스를 제공받을 수도 있습니다.

회사 운영이 잘되는 동안 주주는 계속 배당금을 받을 수 있습니다. 그러나 회사 실적이 좋지 않으면 배당금이 없습니다. 만약 회사가 문을 닫기라도 하면 주식을 샀던 돈을 돌려받을 수도 없지요.

주식은 팔 수도 있습니다. **주식을 사고팔 때 이루어지는 가격**이 주가입니다. 실적이 좋은 회사의 주가는 높이 오르고 전망이 나쁜 회사의 주가는 떨어진답니다.

 부모님의 허락을 받으면 어린이도 주식에 투자할 수 있대!

제 4 장

현명하게 살기 위한
경제학

한계 효용이란 무엇일까?

제 4 장
현명하게 살기 위한 경제학

어떤 느낌인지  말 안 해도 알지?

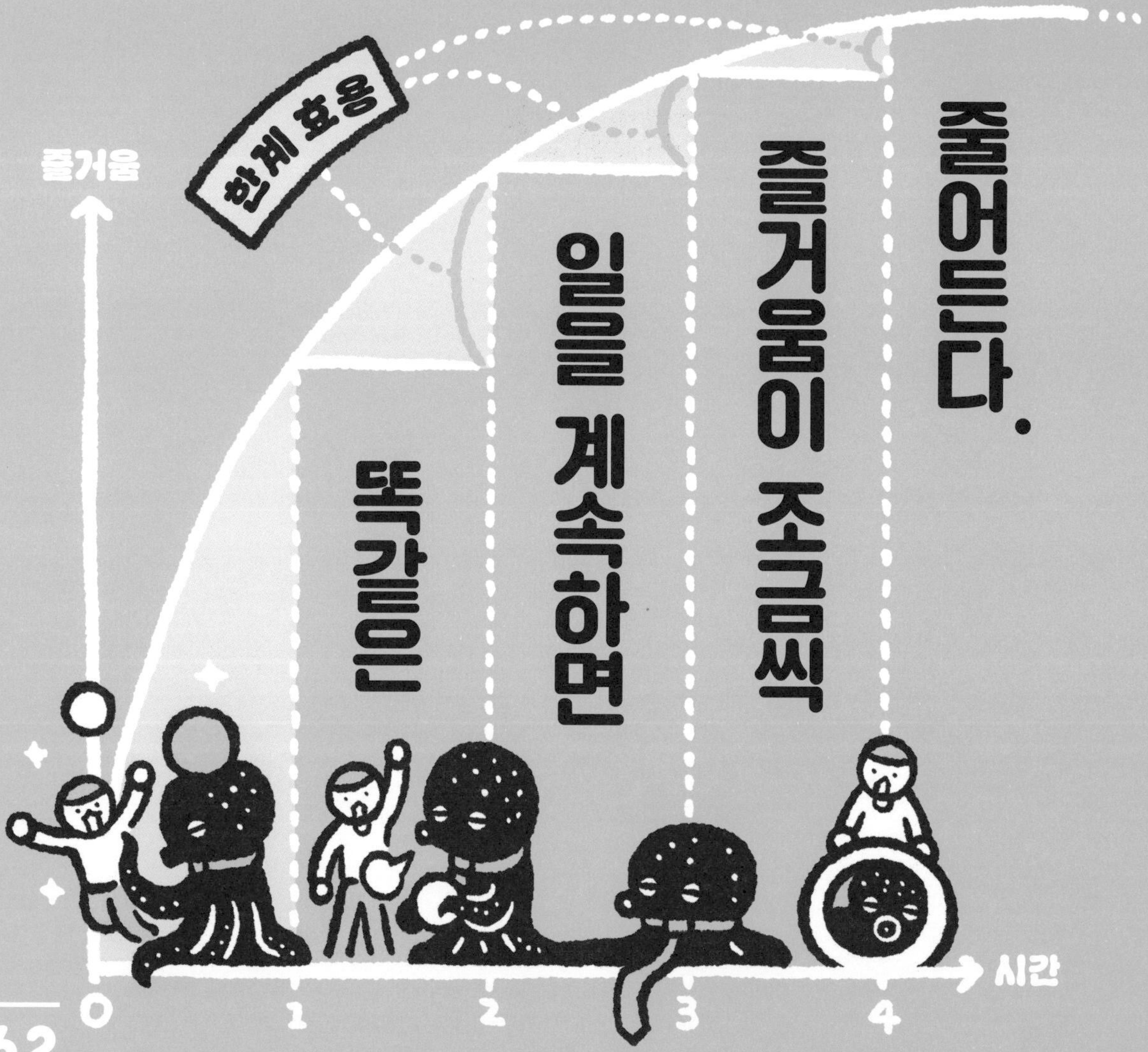

한계 효용

줄거움

똑같은 일을 계속하면 즐거움이 조금씩 줄어든다.

시간

더 놀까, 아니면 간식을 먹을까?

에이~   오늘은 그만 놀자.

경제학에서는 전문 용어나 숫자로 표현하는 경우가 많습니다. 그중 하나가 '효용'인데 효용은 **어떤 것을 통해 얻을 수 있는 만족감**을 말합니다.

예를 들어 친한 친구와 1시간 놀 때의 즐거움(효용)이 100이라고 합시다. 일반적으로 같은 친구와 같은 놀이를 1시간 더 하면 효용이 90에서 80으로 줄어듭니다. 그 후 4~5시간이 더 지나면 놀이의 효용이 확 줄어들겠지요.

이처럼 **같은 것을 하더라도 양이나 횟수가 늘면 느끼는 효용이 줄어드는 것**을 경제학에서는 한계 효용 체감의 법칙이라고 합니다. 경제학에서 한계 효용은 '효용의 증가분'을 뜻하고, 체감은 '조금씩 줄어든다'는 뜻이지요.

사람들은 자신이 느끼는 효용을 최대한 높이려고 합니다. 예를 들면, 친구와 2시간 놀고 나서 1시간 더 놀지 말지 정할 경우 '1시간 더 놀 때의 효용'과 '친구와 헤어지고 간식을 먹을 때의 효용'을 비교해서 효용이 더 큰 쪽을 고릅니다. 한계 효용을 연구한 사람으로는 영국의 경제학자 존 힉스 등이 있습니다. 한계 효용은 다양한 상품과 서비스의 가격을 정할 때도 참고가 됩니다.

용어 | 한계 효용 체감의 법칙
인물 | 존 힉스

 상품이나 서비스를 만들 때 '하나 더 만들 경우 비용이 얼마나 들고 얼마나 팔릴까?'와 같은 한계 효용을 따져서 만들 양을 정한대.

역할 분담이 중요하다고?

제 4 장 현명하게 살기 위한 경제학

내가 못하는 일은  잘하는 사람에게 맡기자.

자기가 잘하는 일에 집중하는 편이 효율적이다.

자유 무역

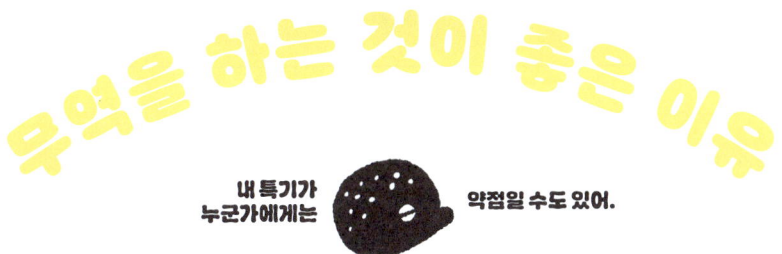

무역을 하는 것이 좋은 이유

내 특기가 누군가에게는 약점일 수도 있어.

경제학에서는 효율을 중요하게 생각합니다. 효율을 높이기 좋은 것이 분업이지요. 예를 들어 문어가 빵을 만든다고 합시다. 이때 밀가루를 얻기 위해 직접 밀을 키우는 것부터 시작하면 수고가 많이 들겠지요. 그보다 식물을 잘 키우는 곰이 밀을 키우고 빵을 잘 만드는 문어가 빵을 만드는 데 집중하면 짧은 시간에 많은 빵을 만들 수 있습니다. 이것을 사회적 분업이라고 합니다.

그런데 만약 문어가 곰보다 밀도 잘 키우고 빵도 잘 만든다면 어떨까요? 이 경우에도 문어는 **자신이 가장 잘하는 일에 집중하는 게 좋습니다.** 곰도 둘 중 더 잘할 수 있는 일에 집중하면 사회 전체에서 만들어지는 빵의 양이 늘어나지요.

이처럼 세계 각 나라가 경제 효율성을 높이기 위해서는 자유 무역을 해야 한다고 주장한 사람이 영국 경제학의 선구자 데이비드 리카도입니다. 그의 이론을 비교 우위론이라고 합니다. **한 나라에서 모든 상품을 만들 것이 아니라 각 나라에서 저마다 자신 있는 상품을 만들고 무역을 통해 자유롭게 교환하면 전 세계에서 많은 상품을 만들 수 있다**는 내용입니다.

 제2차 세계 대전이 일어난 원인 중 하나로 각 나라가 경제 블록을 형성한 것을 꼽을 수 있대. 경제 블록은 친한 몇 나라하고만 무역을 하는 경제 체제야.

26 합성의 오류란 무엇일까?

제 4 장 현명하게 살기 위한 경제학

열심히 농사지어 많이 팔아야지!

개인적으로는 옳은 일도 모두가 하면 틀릴 때가 있다.

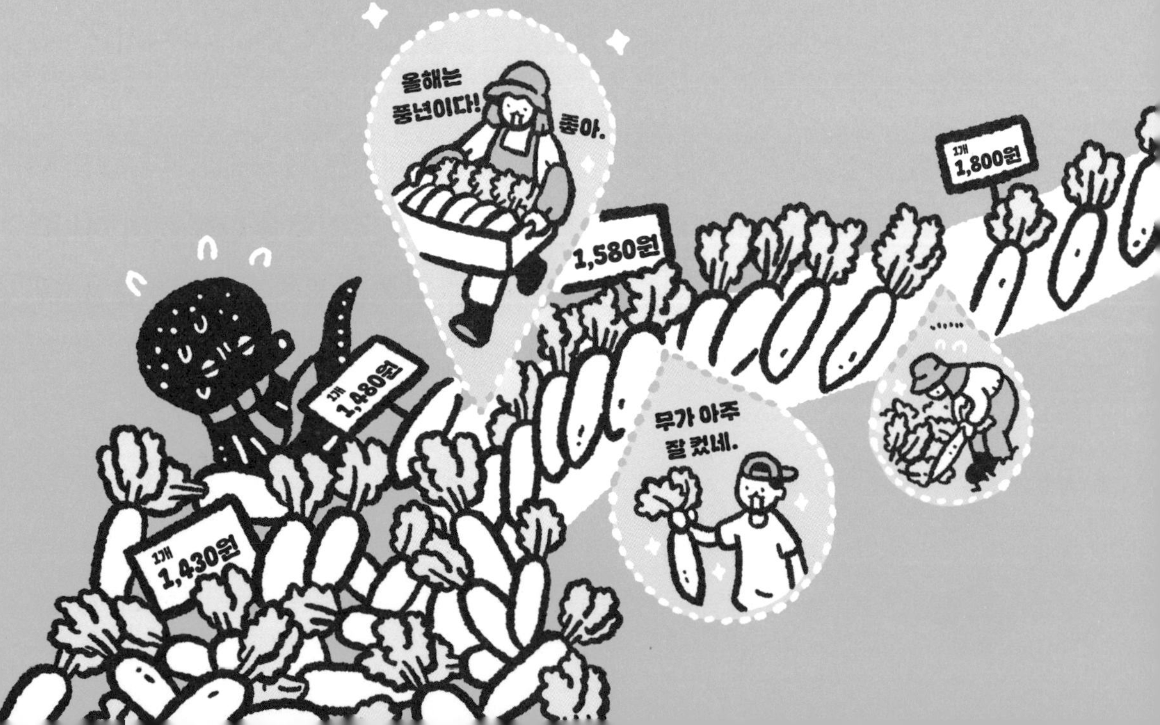

디플레이션은 이렇게 악화된다

제 4 장 현명하게 살기 위한 경제학

용어 합성의 오류

인물 폴 새뮤얼슨

자본주의에서는 모두가 '자신의 이익을 위해' 행동하면 사회가 잘 굴러간다고 생각합니다. 하지만 사실 **개인에게는 합리적인 행동도 모두가 하면 다 같이(사회 전체가) 손해를 보기도** 합니다. 경제학에서는 이것을 합성의 오류라고 합니다. 미국의 경제학자 폴 새뮤얼슨이 제시한 개념으로 여기서 오류란, 그릇되어 이치에 어긋난다는 뜻입니다.

예를 들어 경기장에서 축구 시합을 본다고 합시다. 이때 모두 앉아 있는데 혼자만 서 있으면 경기장이 잘 보여서 좋겠지요. 하지만 다른 사람도 똑같이 생각하고 일어선다면 모두가 시합을 보기 불편할 것입니다.

경제에서도 디플레이션이 찾아와 **상품 가격이 내려갈 때 그런 합성의 오류가 일어납니다.** 모두가 '세탁기를 올해 사지 말고 내년까지 기다리면 싸게 살 수 있겠지.'라고 생각하면 세탁기가 팔리지 않게 되지요. 그러면 세탁기를 팔기 위해 정말로 가격을 내려야 하고 다음 해에도 디플레이션이 이어집니다. 결국 경제 상황이 악화되어 모두가 손해를 보게 된답니다.

 경제학에서는 개인 차원의 경제에 초점을 맞추는 것을 미시(마이크로) 경제, 사회 전체의 경제를 다루는 것을 거시(매크로) 경제라고 한대.

27 정보 비대칭성이란 무엇일까?

제 4 장
현명하게
살기 위한
경제학

파는 사람과 사는 사람의 정보가 같아야 경제가 잘 굴러간다.

가지고 있는 정보가 같은가?

물건 보는 눈을 키워야겠어.

용어 정보 비대칭성

인물 조지 애컬로프

애덤 스미스는 상품을 파는 사람과 사는 사람이 자유롭게 거래하면 경제가 잘 굴러간다고 생각했습니다. 그러나 **파는 사람과 사는 사람이 가진 정보량이 다를 때**는 그렇지 않습니다. 이 경우 경제학에서는 **정보 비대칭성**이 있다고 합니다. 비대칭이란, 양쪽의 요소가 서로 같지 않다는 뜻입니다.

예를 들어 중고 자동차를 산다고 합시다. 사는 사람은 눈앞에 있는 중고차의 성능이 좋은지 나쁜지 모릅니다. 하지만 파는 사람은 자동차의 성능이 어떤지 알고 있지요. 어쩌면 겉만 그럴 듯하고 속은 엉망인 차를 '새 차나 마찬가지'라면서 팔지도 모릅니다. 반대로 **사는 사람은 어떤 차가 좋고 어떤 차가 나쁜지 몰라 어느 차든 같은 가격에 사려고 할 것입니다**.

그러면 파는 사람은 어차피 같은 값이면 더 안 좋은 차를 팔아서 이익을 많이 남기려고 하겠지요. 그 결과 중고차 시장은 질 나쁜 자동차가 늘어날 것입니다. 이처럼 **정보 비대칭 때문에 불리한 선택을 하는 것**을 **역선택**이라고 합니다. 노벨 경제학상을 받은 조지 애컬로프가 자신의 논문에서 처음 소개했습니다.

 미국에서는 질 나쁜 물건을 레몬이라고 한대. 레몬은 껍질이 두꺼워서 알맹이가 신지 어떤지 알 수 없기 때문이래.

28 왜 안전한 쪽을 선택하게 될까?

제 4 장
현명하게 살기 위한 경제학

기쁨은 금방 사라지는데…

인간은 이익을 보기보다

손해를 피하려는 경향이 있다.

손해만큼은 피하고 싶다!

실망과 분노는 오래가니까.

우리는 비합리적인 행동을 자주 합니다. **인간의 비합리적인 경제 활동을 연구하는 학문을 '행동 경제학'이라고 하는데** 대표적인 것이 전망 이론입니다. 심리학자이자 경제학자인 대니얼 카너먼과 아모스 트버스키가 제시한 개념입니다. 간단히 설명하자면, **인간은 '이익을 보려는' 마음보다 '손해를 피하려는' 마음이 더 강하다**는 내용입니다. 이론에 따르면 1,000원을 주운 기쁨이 1이라면 1,000원을 잃은 슬픔은 2.25 정도라고 합니다.

예를 들어 2가지 게임이 있다고 합시다. A게임은 동전을 던져서 앞면이 나오면 1,000원을 받을 수 있고 뒷면이 나오면 아무것도 받을 수 없습니다. B게임은 앞면이 나오면 3,000원을 받을 수 있고 뒷면이 나오면 1,000원을 내야 합니다.

A게임에서 받을 수 있는 금액을 확률에 따라 계산하면 (1,000+0)÷2=500원입니다. B게임은 (3,000-1,000)÷2=1,000원입니다. **합리적으로 생각하면 B게임에 참여하는 편이 이익을 볼 가능성이 더 높지요.** 하지만 사람들은 손해만큼은 피하고 싶은 생각에 손해 볼 일이 없는 A게임을 선택한다고 합니다.

제 4 장 현명하게 살기 위한 경제학

용어: 전망 이론

인물: 대니얼 카너먼, 아모스 트버스키

 전망은 앞날을 미리 내다본다는 뜻이야.

생각에 유형이 있다?

제 4 장 현명하게 살기 위한 경제학 · 29

지금 당장이 아니라면  아무래도 상관없어.

인간은 '미래의 이익'보다 '당장의 이익'을 좋아한다.

가능하면 바꾸고 싶지 않아

이익인 건 알지만 바꾸기 귀찮아!

용어 편향

인물 윌리엄 새뮤얼슨, 리처드 젝하우저

인간의 생각이나 판단 기준에는 다양한 유형이 있습니다. 행동 경제학에서는 이런 **생각의 패턴**을 편향이라고 합니다. 대표적인 것이 현재 편향입니다. **인간은 '지금'을 중요하게 생각하는 경향이 있습니다.** 예를 들어 (A)지금 10만 원을 받는 경우, (B)1년 후 30만 원을 받는 경우 중에서 하나를 고르라고 하면 많은 사람이 A를 고릅니다. 합리적으로 생각하면 30만 원을 받는 것이 좋지만 그보다 **'지금' 받는다는 것에 큰 가치를 느끼기 때문**입니다.

또 다른 대표적인 편향 중 하나가 현상 유지 편향입니다. 이것은 미국의 경제학자 윌리엄 새뮤얼슨과 리처드 젝하우저의 이론입니다. 많은 사람이 다른 통신사로 바꾸면 매달 전화 요금을 아낄 수 있다는 걸 알면서도 좀처럼 바꾸려고 하지 않습니다. 현재 상황을 유지하고 싶기 때문입니다.

이 심리는 전망 이론과도 관련이 있습니다. **현재 상황을 바꾼다는 것은 곧 현재 상황을 잃는다는 것을 의미합니다.** 인간은 현재에 그럭저럭 만족하면 그 상황을 잃으면서까지 이익을 얻고 싶지는 않다고 생각합니다.

 공부를 게을리하는 것도 '미래의 이익'과 '당장의 편함'을 비교해 현재의 쾌락을 선택했기 때문이래.

사고법에는 2가지가 있다?

제 4 장
현명하게
살기 위한
경제학

30

직감이 과연 옳은가?

인간은 되도록이면 생각하는 일에 시간과 노력을 들이지 않으려고 한다.

오, 오백만…

'익숙한 것'을 선택하고 만다

생각 스위치를 바꿔 보자.

어째서 인간은 비합리적인 행동을 하는 걸까요? 심리학자이자 경제학자인 대니얼 카너먼 등에 따르면 그것은 **인간이 상황에 따라 2가지 방식으로 생각하기 때문**입니다. 하나는 **깊이 생각해서 결정하는** 체계적(시스테마틱) 사고, 다른 하나는 **깊이 생각하지 않고 바로 결정하는** 직관적(휴리스틱) 사고입니다. 그중에서도 직관적 사고는 편향을 낳습니다.

우리는 살면서 늘 선택에 부딪힙니다. 예를 들면, 목이 마를 때 콜라를 마실지 보리차를 마실지 결정하는 것도 선택입니다. 그런데 그때마다 일일이 체계적으로 생각하려면 시간도 걸리고 피곤하겠지요. 그래서 우리는 무심코 직관적으로 생각해 버립니다.

기업은 이런 성향을 이용해서 상품을 팝니다. 예를 들면, 텔레비전 광고를 하는 것은 사람들의 가용성(이용 가능성) 휴리스틱을 자극하기 위함입니다. 인간은 **무심코 익숙한 것을 선택하기 때문**이지요. 자꾸만 콜라 광고가 나오면 사람들은 음료를 고를 때 무심코 콜라를 고르게 된답니다.

용어: 체계적 사고／직관적 사고

인물: 대니얼 카너먼

 위에서 소개한 2가지 사고법은 각각 '빠른 사고'와 '느린 사고'로도 불려.

31 나도 모르게 착하게 행동한다?

제4장 현명하게 살기 위한 경제학

행동 경제학은  경제학과 심리학을 합친 거야.

행동 경제학을 이용하면 '좋은 행동'을 이끌어낼 수 있다.

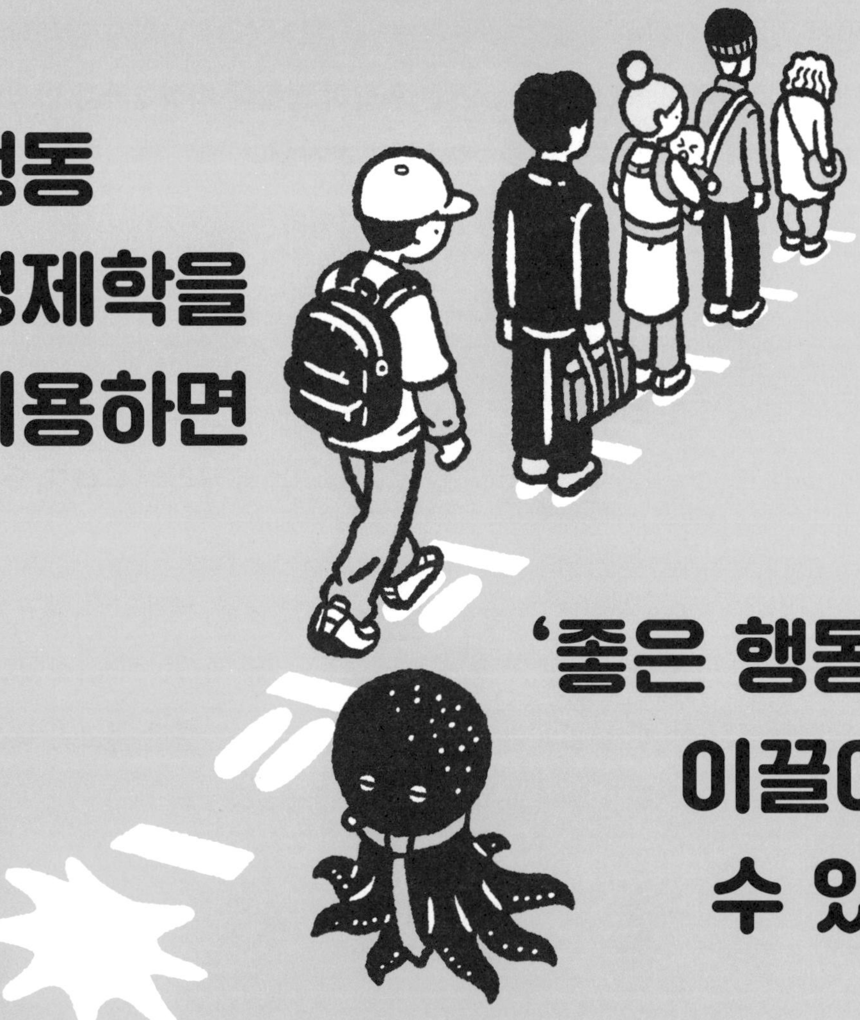

무심코 '좋은 일'을 한다

알아채지 못할 만큼   은근슬쩍

제 4 장 현명하게 살기 위한 경제학

용어 넛지

인물 리처드 탈러, 캐스 선스타인

행동 경제학 이론은 사회의 다양한 곳에 적용되어 사람들의 행동을 좋은 쪽으로 이끌기도 합니다. 노벨 경제학상을 받은 리처드 탈러는 법학자인 캐스 선스타인과 함께 이 현상에 넛지라는 이름을 붙였습니다. 넛지란, **팔꿈치로 쿡쿡 찌른다**는 뜻입니다.

재미난 예를 들어 보겠습니다. 네덜란드 암스테르담 공항에 가면 남자 화장실 소변기 한가운데에 작은 파리가 그려져 있습니다. 그 화장실을 이용하는 남성은 무심결에 파리 그림을 향해 소변을 보지요. 그 덕분에 **변기 밖으로 튀는 소변의 양이 80%나 줄었다**고 합니다. 화장실을 깨끗하게 이용해 달라는 포스터를 붙이는 것보다 훨씬 효과가 있었던 셈입니다.

그 밖에도 최근에는 **건강에 좋은 일을 하면 매달 내는 보험료를 낮춰 주는** 제도를 도입한 보험 회사도 있습니다. 사람들이 건강해지면 병에 걸릴 가능성이 줄어들어 보험 회사의 보험금이 적게 나가겠지요. 보험 가입자와 보험 회사 모두에게 좋은 일입니다.

 탈러는 넛지(nudge)의 반대말이 성가신 잔소리(nag)라고 했대.

32 매몰 비용이란 무엇일까?

제 4 장
현명하게
살기 위한
경제학

들인 돈이  아까워.

인간은 이미 들인 돈을 포기하지 못한다.

매몰 비용

아끼는 게 좋은 걸까?

왜 그렇게 기를 쓰고 했을까?

예를 들어 2만 원으로 2시간짜리 영화 티켓을 사서 영화관에 갔다고 합시다. 그런데 30분쯤 보자 지루한 영화임을 알았고 뒷부분도 전혀 재미가 없을 것 같았습니다. 이때 영화관을 나와야 할까요, 아니면 모처럼 티켓을 샀으니 끝까지 참고 봐야 할까요?

경제학에서는 이 경우 영화관을 나와야 한다고 생각합니다. **계속 봤는데 끝까지 재미가 없었다면 티켓값과 함께 나머지 1시간 반이라는 시간도 버린 꼴**이 됩니다. 차라리 영화관을 나와 다른 일을 했다면 티켓값만 버렸겠지요. 경제학자 리처드 탈러 등은 이 티켓값처럼 **이미 써서 되찾을 수 없는 돈**을 매몰 비용이라고 했습니다.

그렇지만 들어간 돈이 아깝다고 생각하는 것이 인간입니다. 예를 들어 정액제 동영상 서비스에 가입한 사람은 '요금을 내고 있으니 많이 봐야 아깝지 않다.'라고 생각해서 별로 관심도 없는 영화나 드라마를 보는 일에 시간을 쓰고 만답니다.

 도박에서 지고 있는 사람도 '지금까지 쏟아부은 돈이 아깝다.'라고 생각해서 그만두지 못하는 거래.

제 5 장
우리 주변의 돈을 이해하는 경제학

33 보험은 어떤 제도일까?

제5장 우리 주변의 돈을 이해하는 경제학

자동차, 집, 나 자신, 내 아이, 반려동물…

만일의 경우에 대비하는 것이 보험.

보험 회사는 금융 기관이기도 하다

우리는 다양한 것에 보험을 들지.

용어: 보험

살다 보면 큰 병에 걸리거나 크게 다치는 경우가 있습니다. 그럴 때는 일을 할 수 없어서 수입이 없는데도 치료비나 입원비 등 필요한 돈은 늘어납니다. 또는 가족 중에서 특히 수입이 많았던 사람이 죽으면 남은 가족의 생활이 어려워지기도 합니다.

이처럼 만일의 경우에 대비해 사람들이 이용하는 것이 보험입니다. **보험은 모두에게서 조금씩 돈을 걷어 삶의 위기에 처한 사람을 돕는 제도**입니다. 치료비나 입원비를 주는 것이 의료 보험, 누군가가 죽었을 때 남겨진 사람을 위한 것이 생명 보험입니다. 보험에 든 사람이 보험 회사에 내는 돈을 보험료라 하고, 삶의 위기가 닥쳤을 때 보험 회사가 가입자나 수익자에게 주는 돈을 보험금이라고 하지요.

보험 회사는 금융 기관처럼 형편이 어려운 곳에 돈을 빌려주기도 합니다. 만일의 경우가 한꺼번에 많이 일어나면 곤란하므로 모은 돈을 그냥 놀릴 수는 없습니다. 은행처럼 기업에 빌려주거나 주식에 투자해 돈을 불린답니다.

 한국에 보험이 처음 도입된 것은 1876년 강화도 조약 이후래. 강화도 조약은 운요호 사건을 계기로 조선과 일본 사이에 맺은 불평등 조약이야.

사회 보험이란 무엇일까?

직장인은 급여에서 '공제'되지.

공적 연금과 건강 보험은 모두의 삶을 지키기 위한 국가의 보험.

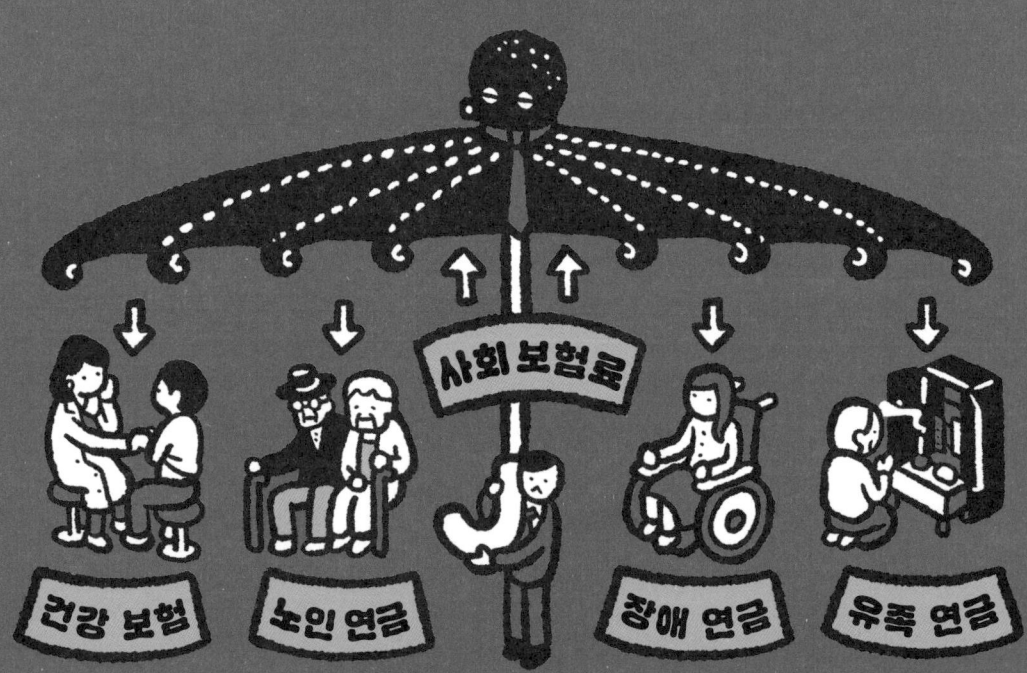

만약 연금이 없다면

고령화 사회가 오면 돈이 많이 든다고?

제 5 장 우리 주변의 돈을 이해하는 경제학

용어 건강 보험

인물 오토 폰 비스마르크

누구든지 나이가 들면 젊었을 때처럼 계속 일할 수는 없습니다. 그래도 생활비는 필요한데 이때 받을 수 있는 것이 **공적 연금**입니다. 공적 연금도 보험의 하나로 **'늙어서 자신의 생활비를 스스로 벌 수 없을 때'를 대비하여 다함께 돈을 모으는 제도**입니다.

공적 연금이 민간 보험과 다른 것은 **국가 및 지방 자치 단체가 보장하는 사회 정책이라 의무적으로 가입해야 한다**는 점입니다. 이런 것을 **사회 보험**이라고 합니다. 예를 들어 공공 의료 보험인 **건강 보험** 덕분에 병원비를 일부만 내는데 이것도 사회 보험입니다.

사회 보험은 나라 전체를 지키기 위한 제도랍니다. 만약 연금이 없다면 나이를 먹었을 때 돈이 없어 고생할까 봐 많은 사람이 불안하겠지요. 또 병원비를 모두 개인이 내야 한다면 아프거나 다쳐도 병원에 가지 못해 병이 깊어지거나 죽는 사람이 늘어날지도 모릅니다. 사회 보험은 독일의 비스마르크라는 정치가가 처음 실시한 것으로 알려졌습니다.

 65세 이상인 사람이 전체 인구의 20%를 넘는 경우를 초고령 사회라고 해. 한국은 초고령 사회에 들어섰대.(2024년 12월 기준)

융자란 무엇일까?

모아 놓은 돈이 없어도  집을 살 수 있다고?

융자는 은행에서 돈을 빌리는 일.

융자를 받기 쉬운 사람은?

어른도 가끔 심사를 받아야 할 때가 있어.

제 5 장 우리 주변의 돈을 이해하는 경제학

용어: 주택 융자

기업만 은행에서 돈을 빌릴 수 있는 게 아닙니다. **개인도 은행에서 돈을 빌릴 수 있는데** 보통은 집을 마련할 때 은행을 찾아갑니다. 땅이나 집을 사려면 억 단위의 큰돈이 필요하기 때문이지요.

집을 살 때 은행에서 돈을 빌리는 것을 가리켜 **주택 융자**를 받는다고 합니다. 개인이 융자를 신청하면 **은행은 그 사람의 예금액과 매달 수입을 확인한 다음 돈을 확실히 갚을 만한 사람에게만 빌려줍니다.** 특히 은행은 수입이 안정적인지를 중요하게 봅니다. 매달 정해진 날에 일정 금액의 급여를 받는 직장인은 융자를 받기 쉽습니다. 반대로 수입이 일정하지 않은 직업은 융자를 받기 힘들다고 합니다. 예를 들면, 잘나가는 연예인은 매달 큰돈을 벌기도 하지만 그 인기와 수입이 언제까지 지속될지 알 수 없기 때문이지요.

은행에 융자금을 갚을 때는 원금에 이자를 더해 주어야 합니다. 이때 원금에 대한 이자의 비율을 **주택 융자금 이자**라고 하는데 경제 상황에 따라 금리가 오르기도 하고 내리기도 하지요. 주택 융자에는 여러 종류가 있습니다.

 융자라는 말은 원래 '자금을 융통한다'는 뜻이지만 지금은 '은행에서 돈을 빌린다'는 뜻으로 쓰이지.

빚이라는 걸 잊으면 안 돼!

물건을 살 때 **신용 카드**로 계산하면 왠지 멋져 보이는 것 같기도 합니다. 하지만 그때마다 **카드 회사에 빚을 지게 되는 것**이랍니다. 가게에서 신용 카드를 쓰면 일단 카드 회사가 그 가게에 돈을 냅니다. 그리고 다음 달에 '당신이 지난달에 쓴 카드 사용료를 우리가 대신 냈으니 돈을 갚아 주세요'라고 청구하지요.

신용 카드는 말 그대로 '신용'을 바탕으로 합니다. '나중에 돈을 꼭 갚을 수 있겠다'고 판단된 사람에게만 카드를 만들어 줍니다. 만약 카드 회사에 돈을 갚지 못하면 신용할 수 없는 인물로 여겨져 카드가 정지되고 다른 신용 카드도 만들 수 없답니다.

신용 카드 빚을 갚는 방법으로 다음 달에 바로 갚는 **일시불 결제**와 몇 개월에 걸쳐 나누어 갚는 **분할 결제(할부), 리볼빙 결제** 등이 있습니다. **분할 결제나 리볼빙 결제처럼 돈을 갚는 데 시간이 오래 걸리면(돈을 빌리는 기간이 길면) 카드 회사에 많은 이자를 내야 할 수도 있어** 조심해야 합니다.

제 5 장 우리 주변의 돈을 이해하는 경제학

용어 **신용 카드**

 당장 돈을 내지 않는다고 다음 달에 갚지 못할 만큼 신용 카드를 써 버리는 사람들이 있대.

국채란 무엇일까?

아, 국가도 빚을 지는구나.

국채는 국가가 여러 사람에게 지는 빚.

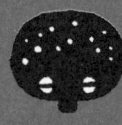

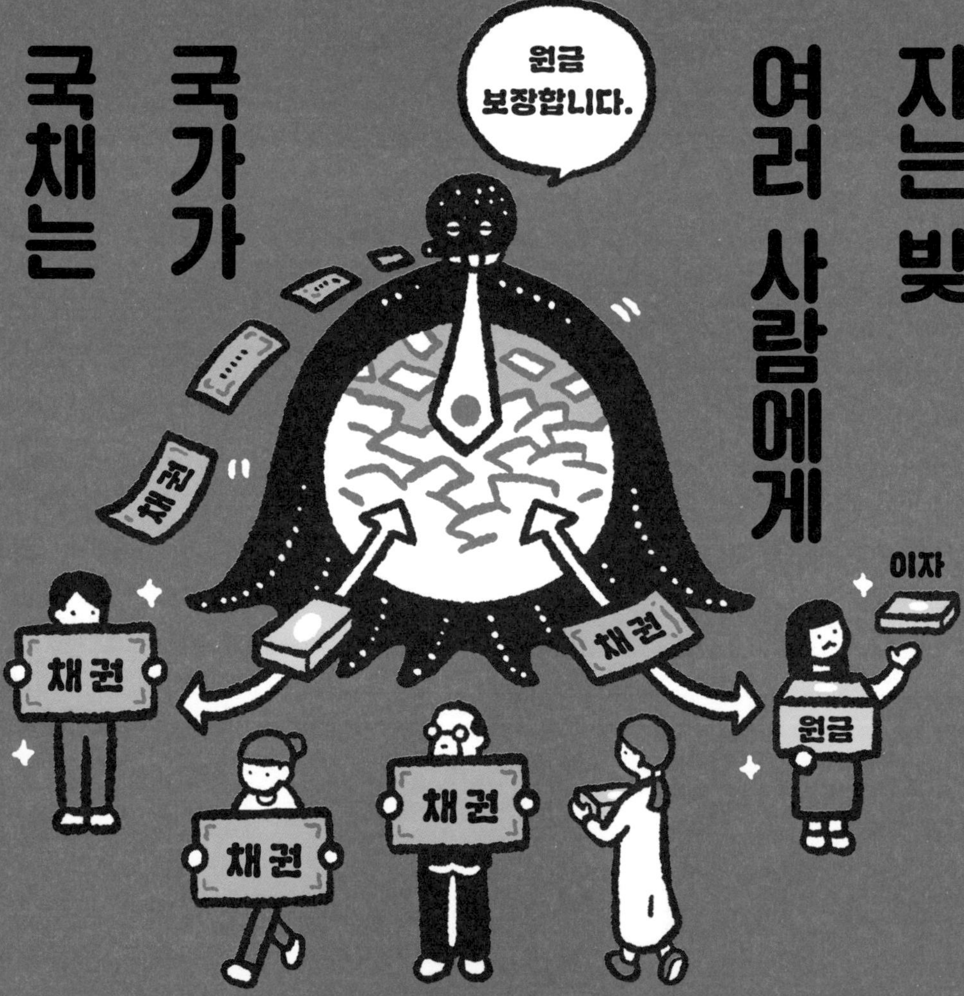

국채는 다른 사람에게 팔 수 있다

주식보다 저위험, 저수익

제 5 장
우리 주변의 돈을 이해하는 경제학

용어
국채

빚을 지게 되면 '나는 빚을 졌습니다. 약속한 날까지 이자를 더해 갚겠습니다.'라고 약속하는 문서를 남깁니다. 이것을 **채권**이라고 합니다. 채권의 채는 '빚 채(債)'입니다. 따라서 **국채**란, **나라가 지고 있는 빚**을 말합니다.

앞서 재정(49쪽)에서 설명한 것처럼 정부는 국민에게서 세금을 걷어 공공사업을 하고 공공 서비스를 제공합니다. 그런데 **세금이 부족할 때는 국채를 발행해서 여러 사람에게 팔아 돈을 마련**하지요. 이렇게 발행된 국채를 **적자 국채**라고도 합니다. 한국에서는 개인도 정부가 발행한 국채를 살 수 있답니다.

국채는 주식과 마찬가지로 만기 전에 다른 사람에게 팔 수 있습니다. 국채를 사려는 사람이 많으면 가격이 올라가고, 적으면 가격이 내려가지요. 보통 **국채는 주식보다 안전 자산에 속합니다.** 주식은 그 회사의 실적이 나쁘면 배당금을 받을 수 없고 회사가 망할 위험도 있습니다.

하지만 국채는 국가가 사라지지 않는 한 이자가 붙고, 만기가 되면 처음에 냈던 돈(**원금**)을 돌려받을 수도 있답니다.

 2025년에 한국이 발행하는 적자 국채는 무려 86조 7,000억 원에 달한대.

소비와 투자의 차이는?

한정된 돈을 소비와 투자에 적절히 배분하자.

돈과 교환하여 만족을 얻는 것이 소비. 돈을 불리는 것이 투자.

오늘부터 할 수 있는 일은?

어떤 의도로 / 어떻게 만들어졌을까?

용어: 투자／소비

이익을 얻기 위해 자금(돈)을 쓰는 것을 **투자**라고 합니다. 회사의 주식을 사거나 나라의 채권을 사는 것도 투자입니다.

한편, **소비**라는 말도 있습니다. 간단히 말해 돈을 쓴다는 뜻이지요. 투자와 달리 돈을 불리는 것이 아니라 돈과 무언가를 교환해서 만족(경제학에서는 **효용** 등으로 표현합니다)을 얻기 위한 행위입니다.

투자와 소비는 모두 일종의 투표 행위랍니다. 상대에게 돈을 건네 자신의 의사를 표현하지요. 예를 들어 맛있다고 생각한 아이스크림을 사 먹는(소비하는) 일은 그 아이스크림을 만든 회사에 투표하는 것과도 같습니다. 그 회사가 더 분발하기를 바란다면 그 회사의 주식을 사서 응원(투자)할 수도 있지요.

최근에는 **환경 문제나 사회 과제를 해결하기 위해 힘쓰는 회사를 응원하고자 그 회사의 상품이나 서비스를 소비하는 윤리적 소비**가 이루어지고 있습니다. 바람직한 경제 환경을 갖추기 위해 오늘부터 당장 실천할 수 있는 행동 중 하나가 착한 물건인지 아닌지 꼼꼼히 따져 소비하는 일이랍니다.

 윤리적 소비는 상품을 살 때 어디서 어떻게 만들어졌는지 윤리적인 가치 판단에 따라 소비하는 것을 말해.

주요 참고 도서

<이케가미 아키라의 만화로 보는 경제학 1, 경제의 원리>
(니혼케이자이신문 출판사)

<원리를 이해하는 이케가미 아키라의 쉬운 경제학(최신 개정판) 1>
(니혼케이자이신문 출판사)

<뉴스를 이해하는 이케가미 아키라의 쉬운 경제학 2>(니혼케이자이신문 출판사)

<경제를 잘 모르는 채 사회인이 된 사람(제4판)>(가이류샤)

<이케가미 아키라의 돈 학교(신개정판)>(아사히신문 출판)

<맨큐의 경제학(제3판)>(도요케이자이신보사)

<이케가미 아키라의 행동 경제학 입문>(Gakken)

찾아보기

GDP(국내 총생산) ········· 57
가용성(이용 가능성) 휴리스틱 ··· 75
거품 경제 ················· 55
건강 보험 ················· 85
경기 순환 ················· 19
경세제민 ················· 11
경제 성장률 ··············· 57
공개 시장 운영 ············ 53
공공사업 ············· 51, 91
공급 ············· 17, 35, 47
공급 곡선 ················· 17
공동 환상 ············· 23, 39
공산주의 ················· 45
공적 연금 ················· 85
관리 통화제 ··············· 23
국채 ····················· 91
금리 ··········· 27, 53, 55, 87
금 본위제 ················· 23
금융 ····················· 25
금융 정책 ················· 53
기준 금리 ················· 53

기회비용 ················· 13
넛지 ····················· 77
누진 과세 ················· 49
대규모 예금 인출 사태(뱅크런) ··· 31
독점 ····················· 47
디플레이션 ············ 33, 67
디플레이션의 악순환 ······· 33
매몰 비용 ················· 79
발행 은행 ················· 29
배당금 ··············· 59, 91
보이지 않는 손 ············ 43
보험금 ··············· 77, 83
보험료 ··············· 77, 83
부가가치 ················· 57
불황 ················· 19, 51
블록체인 ················· 39
비교 우위론 ··············· 65
비용 상승 인플레이션 ······· 33
사회 보험 ················· 85
사회 자본 ················· 49
사회적 분업 ··············· 65

96

사회주의	45	재정	49, 51, 91
상충 관계	13	적자 국채	91
생명 보험	83	전망 이론	71, 73
소득 재분배	49	정보 비대칭성	69
수요	17, 33, 35, 55	주식	59, 83, 91, 93
수요 견인 인플레이션	33	주주	59
수요 곡선	17	주택 융자	87
스태그플레이션	33	중앙은행	29, 53
시장 실패	47	직관적 사고	75
신용 창조	31	채권	91
신용 카드	89	체계적 사고	75
암호 화폐(가상 화폐)	39	콜 시장	53
역선택	69	태환권	23
외부성	47	편향	73, 75
원화 강세	35, 37	한계 효용 체감의 법칙	63
원화 약세	35	한국은행	29
유럽 중앙은행	29	합리적	15, 67, 71, 73
윤리적 소비	93	합성의 오류	67
의료 보험	83, 85	현상 유지 편향	73
이자	27, 53, 87, 89, 91	현재 편향	73
인센티브	15	호모 에코노미쿠스	15
인플레이션	33	호황	19, 51, 55
자본	43, 45	환율	35
자본주의	43, 45, 47, 51, 67	환율 개입	37
자원의 효율적 배분	11	효용	63, 93
자유 무역	65	희소성	13

　세상은 늘 변화합니다. 새로운 과학 기술의 발명은 우리 생활을 풍요롭게 하고, 새로운 예술과 사상의 발전은 우리 마음을 풍요롭게 합니다.

　하지만 지금은 모두가 믿을 수 있는 '무언가'를 찾기 힘든 시대가 되었습니다. 또 사람들 사이의 격차가 벌어지고 생각의 차이가 좁혀지지 않아 다툼이 끊이지 않는 상황이기도 합니다.

　이런 세상의 진보와 과제를 마주하고 우리 생활을 조금이라도 개선하기 위해 노력하는 것이 학문입니다.

　'일러스트 교양 도감' 시리즈는 아이부터 어른까지 모두가 학문을 교양으로 즐길 수 있도록 만들었습니다. 여러분이 일상 생활을 하는 데 조금이라도 힌트를 얻기 바랍니다. 학문이라는 말을 들으면 연구자들이 대학에서 공부하는 '어려운 것'을 떠올리는 사람도 많겠지요. 그러나 '일러스트 교양 도감'은 말 그대로 알기 쉬운 문장에 일러스트를 곁들여 누구나 쉽게 이해할 수 있도록 구성했습니다.

　독자 여러분 중에는 아직 어린 친구들도 많을 것입니다. 그런 분이라면 앞으로 초등학교와 중학교, 고등학교에서 공부한 내용이 학문을 배우고 익혀 활용하는 데 도움이 된다고 생각하며 이 책을 읽기 바랍니다. 학문은 '왜 학교에 다닐까?' '공부해서 어디에 쓸까?'라고 생각한 적이 있는 사람에게 하나의 해답이 될 것입니다.

그리고 대학생이나 성인 독자도 있을 것입니다. 그런 분은 지식을 쌓아 가는 기쁨을 경험하고 이제부터 생활에 학문을 적용하기 바랍니다. 이 책에서 배운 내용 중에는 생활과 별로 관련이 없는 것도 있을지 모릅니다. 하지만 '생활에 적용한다'는 것이 반드시 생활이 편리해지는 것을 의미하지는 않습니다. 학문을 배우고 익혀 교양이 점점 쌓이면 마음이 풍요로워지고, 다른 사람과의 대화에도 깊이가 생길 것입니다.

학문에 관심 있는 모든 분이 이 책을 통해 희망과 꿈을 가지고 설레는 인생을 살았으면 좋겠습니다.

— 당신이 찾는 것은 여기에 있다(*quod petis hic est*)

편집부

옮긴이 정혜원

동국대학교에서 서양화를 공부하고 이화여자대학교 통번역대학원에서 한일 번역을 공부했습니다.
현재 출판 번역 에이전시 유엔제이에서 프리랜서 번역가로 일하면서 독립 출판물을 만들고 그림을 그리고 있습니다.
《실험 쥐 구름과 별》을 쓰고 그렸으며 《망각 탐정 시리즈》, 《정체》, 《보이는 노트 비즈니스 명저 100》,
《하루 한 권, 화학 열역학》, 《만화로 배운다! 디즈니 청소의 신이 가르쳐 준 것》, 《하루 한 권, 유전공학》,
《하루 한 권, 곤충》, 《동물 윤리의 최전선》 등을 옮겼습니다.

어린이 경제학

2025년 4월 10일 초판 1쇄 발행

감수 이케가미 아키라(池上彰) **그린이** 모도로카 **옮긴이** 정혜원 **펴낸이** 김병준
펴낸곳 (주)**지경사** **주소** 서울특별시 강남구 논현로 71길 12 **전화** 02)557-6351(대표) 02)557-6352(팩스)
등록 제10-98호(1978. 11. 12)

ILLUST GAKUMON ZUKAN KODOMO KEIZAIGAKU
© Akira Ikegami 2024
All rights reserved.
Original Japanese edition published by KODANSHA LTD.
Korean translation rights arranged with KODANSHA LTD.
through EntersKorea Co., Ltd.

이 책의 한국어판 저작권은 (주)엔터스코리아를 통해 저작권자와 독점 계약한 (주)지경사에 있습니다.
저작권법에 의하여 한국 내에서 보호를 받는 저작물이므로 무단전재와 무단복제를 금합니다.

편집 책임 한은선 | **국내 디자인** 이수연
ISBN 978-89-319-3462-5 73320

• 잘못 만들어진 책은 구입하신 곳에서 바꾸어 드립니다.